北京高校"高精尖"学科建设（首都师范大学马克思主义理论）资助成果
中国博士后科学基金第68批面上资助项目（编号：2020M680417）

晋察冀边区
城市接管与建设工作研究

郎　琦◎著

中国言实出版社

图书在版编目（CIP）数据

晋察冀边区城市接管与建设工作研究 / 郎琦著 . -- 北京：中国言实出版社，2022.3

ISBN 978-7-5171-3747-4

Ⅰ . ①晋… Ⅱ . ①郎… Ⅲ . ①中国共产党—城市管理—研究—华北地区—民国 Ⅳ . ① D231

中国版本图书馆 CIP 数据核字（2021）第 012587 号

晋察冀边区城市接管与建设工作研究

责任编辑：王建玲

责任校对：代青霞

中国言实出版社出版发行

地址：北京市朝阳区北苑路 180 号加利大厦 5 号楼 105 室（100101）

编辑部：北京市海淀区花园路 6 号院 B 座 6 层（100088）

电话：64924853（总编室）   64924716（发行部）

网址：www.zgyscbs.cn

E-mail：zgyscbs@263.net

经销：新华书店

印刷：北京虎彩文化传播有限公司

版次：2022 年 3 月第 1 版   2022 年 3 月第 1 次印刷

规格：880 毫米 ×1230 毫米   1/32   8.25 印张

字数：150 千字

定价：68.00 元

书号：ISBN 978-7-5171-3747-4

目
CONTENTS
录

晋
察
冀
边
区
城
市
接
管
与
建
设
工
作
研
究

绪论

XU LUN

　　晋察冀边区，是全面抗战时期中国共产党创建的第一个抗日根据地，被中共中央誉为"敌后模范的抗日根据地及统一战线的模范区"①，边区行政委员会也是敌后抗日根据地中唯一得到国民政府行政院和军事委员会正式承认的边区政府。自 1937 年 11 月晋察冀军区公开宣告成立至 1948 年 5 月晋察冀与晋冀鲁豫两大解放区合并为华北解放区，晋察冀边区的建制存在了 10 余年，前后经历了抗日战争、争取实现国内和平民主和解放战争三个历史时期。

　　历史的车轮滚滚向前，晋察冀边区撤销已 70 余年。

---

　　①《中共扩大的六中全会主席团致晋察冀边区电》（1938 年 10 月 5 日），载《晋察冀抗日根据地》史料丛书编审委员会、中央档案馆编：《晋察冀抗日根据地（第 1 册）文献选编》上，中共党史资料出版社，1989 年，第 199 页。

学界关于晋察冀的研究多致力于根据地的创建与巩固，而城市的接管与建设成为落寞之区，抑或沾沾自喜于"打开石门：接管从这里开始"之伪命题。自晋察冀边区创建，它所肩负的不仅是抗日之单纯的军事斗争，还包括从事社会改革，进行新民主主义政治、经济、文化等方面的建设。晋察冀边区的十余年里，虽然党的工作重心在乡村，但并不等于放弃了城市工作。中国共产党自成立以来就与城市结缘，"农村包围城市"革命道路的落脚点仍旧在城市。以"城市"为视角审视晋察冀的革命斗争史，可以从另一个侧面反映党领导人民进行革命与建设的光辉事业。有鉴于此，本书遂以晋察冀边区为研习重点，以城市为探究主线，对晋察冀革命史作一个全新梳理，其学术价值有三。

其一，拓展了中国共产党历史研究的视角。党的工作重心转移并非一蹴而就，而是一个逐步发展的过程。大革命失败后，党的工作重心被迫由城市转移到农村，但直至1935年才实现根本转变，从农村再到城市同样如此。晋察冀边区的主要城市张家口、承德、石家庄等的接管与建设，为解放战争后期中国共产党接管全国各大中城市以及党中央日后的"进京赶考"奠定了重要的理论与实践基础，提供了宝贵的经验教训，是中华人民共和国成立前后城市接管与建设的先声和试验田。以城市接管为视角进行党史研究，相对于学界以往集中研究农村根据地的革命斗争来讲，视角较为独特，有所拓展。

其二，创新了城市接管问题的研究视域。长期以来学界关于党的城市接管与建设工作的研究，多集中于东北、山东解放区以及南方的上海、贵阳等城市，认为"沈阳经验"是中国共产党城市接管政策的起源地，"济南经验"为后续城市接管工作提供了可资借鉴的参考样本，等等。事实上，晋察冀边区早在1945年对日大反攻阶段即光复了张家口、接管了承德等省会城市，1947年又接管了石家庄，这些城市是中国共产党进行新民主主义革命的早期城市实践地，张家口还曾赢得"新中国城市榜样"[①]"东方模范城"[②]等美誉。因此，将城市接管问题的研究从解放战争后期回溯至抗战末期，从放眼东北、山东解放区到着眼晋察冀边区，才能创新研究视域，正

---

① 羽山：《人民的城市》，载晋察冀日报史研究会编：《〈晋察冀日报〉通讯全集》1946年卷上，中共党史出版社，2012年，第122—124页。

② 《社论：争取全面抵抗的胜利》，《解放日报》1946年10月15日，第1版。

确把握党的历史发展的本质和规律。

其三，充实了新民主主义革命理论的研究内容。"农村包围城市，武装夺取政权"是新民主主义革命理论最基本的内容，党的城市接管与建设工作的政策、方针及经验等是对"包围城市以夺取政权"的重要诠释，也是新民主主义革命理论的重要组成部分。抗战胜利前后，中国共产党解放和接收了多座具有重要战略意义的省会城市，并开始考虑实现工作重心转移的问题。晋察冀边区是"农村包围城市，武装夺取政权"革命道路的重要实践地区，其对区域内的城市进行接管与建设，在一定程度上奠定了党的城市接管与建设工作的理论与实践基础。

总之，从1927年"农村包围城市，武装夺取政权"提出，到1949年"进京赶考"，中国共产党革命成功是一个从量变到质变的过程。以"质量互变规律"作为考察维度，晋察冀边区在城市接管与建设工作中所取得的成就，正是在总的量变过程中的部分质变，也是党的工作重心从农村转移到城市的重要环节。

第一章
晋察冀边区的发展与城市工作的艰难起步

　　1937年11月晋察冀军区公开宣布成立，标志着边区根据地初步形成。翌年1月15日晋察冀边区临时行政委员会成立，宣告了华北第一个敌后抗日根据地正式形成。在全面抗战中，晋察冀边区不仅有效开展了抗日游击战争，还在建党建政、经济建设、文教工作等方面创造了伟大成就、积累了丰富经验。此时党的工作重心在乡村，城市工作多为秘密斗争和统一战线工作。晋察冀边区的城市工作在抗战的艰苦岁月中艰难起步：一方面，在城市秘密斗争和统一战线工作中取得了成绩；另一方面，在一些占领的规模并不是很大、为数很少的县城或人口聚集区逐步摸索"城市"的管理工作。1944年中共中央《关于城市工作的指示》发出，特别是1945年党的七大召开后，晋察冀的城市接管工作才正式提上议事日程。

一、全面抗日战争时期的县城占领

1937年8月22日，根据国共两党达成的协议，国民政府军事委员会宣布红军主力部队改编为国民革命军第八路军。聂荣臻受命率八路军一部开赴山西五台县一带开展敌后抗日斗争，并逐步向北、南、西三个方向发展。10月，在山西、河北、察哈尔一带"占领阜平、涞源、灵丘、广灵、蔚县、繁峙、唐县、曲阳、平山等九个县"①。其中，涞源、灵丘、广灵、蔚县系杨成武率独立团收复，从此打开了晋察冀北部地区的抗战局面。在南部，刘道生、周建屏带领工作团和武装小分队，在中共地方组织的配合下，以平山、盂县为中心，发动群众、扩大和组织武装，并收复了平山县城。西部以王平为代表的工作团和八路军115师骑兵营，先后攻占曲阳、唐县等县城②。各地区工作团和部队，在开辟抗日根据地的斗争中，同中共地方组织相配合，经过1个多月的努力，

---

①《彭德怀关于迅速选定新占领的各县县长及杨成武、徐海东部部署的意见》（1937年10月27日），载《晋察冀抗日根据地》史料丛书编审委员会、中央档案馆编：《晋察冀抗日根据地（第1册）文献选编》上，中共党史资料出版社，1989年，第53页。

②谢忠厚、肖银成主编：《晋察冀抗日根据地史》，改革出版社，1992年，第38—40页。

各项工作都有了日新月异的发展。11月7日，根据中共中央和八路军总部的命令，晋察冀军区在山西五台县公开宣告成立。

晋察冀军区之所以能够在短时间内占领近十座县城，一方面是八路军积极发动群众开展抗日斗争的结果，另一方面也与国民党军正在组织太原会战，日寇无暇顾及有很大关系。晋察冀八路军虽占据了华北的一些县城，但这些县城均是远离大城市和交通要道的小山城，且满目疮痍、民生凋敝。聂荣臻回忆："我们经过市镇，市镇是萧条的；走进县城，县城是空荡荡的。城镇上留下的，多是上了岁数的老年人。许多县城都笼罩着死沉沉的气氛，呈现出兵燹之后的荒凉景象，实在令人心酸。"① 随着阜平、满城、完县等县城的收复，晋察冀军区领导机关从五台县移驻河北省阜平县城文娴街，中共晋察冀省委亦于此间成立②。"阜平过去是一个不被人重视的小山城，穷得很。现在一变而成为晋察冀新的政治军事中心，城镇也显得有了生气，慢慢繁盛起来，抗战的歌声从沙河

① 《聂荣臻回忆录》，解放军出版社，2007年，第291页。
② 《阜平县志》，方志出版社，1999年，第14页。

两岸传出，充满着新兴的景象。"①翌年1月，晋察冀边区行政委员会也在阜平县城高等小学宣告成立②。

在晋察冀军区公开宣告成立前夕，1937年10月27日彭德怀要求占领县城的八路军，"必须立即选定适当县长。原则上选择当地进步分子，经过民选建立临时县政委员会"③。根据彭德怀的指示，八路军在占领各县城积极与地方党组织建立联系，谋求抗日民主政权的建立。在蔚县，八路军作战部队首长与中共蔚县地下党组织代表进行了会晤，并及时召开了有各界代表2000多人参加的大会，选举成立了蔚县抗日自卫政府以及抗日救国会等群众组织。蔚县抗日政府成立后，召开公捕公判大会，处决了一批汉奸、恶霸，震慑了敌对势力。11月上旬，蔚县抗日自卫政府、救国会抽出部分骨干组成武装工作队，出蔚县进阳原，迫使阳原县城伪军一部分逃散，一部分被缴械，阳原县城被我党接管④。在涞源，八路军夜

---

① 《聂荣臻回忆录》，解放军出版社，2007年，第299页。

② 《阜平县志》，方志出版社，1999年，第14页。

③ 《彭德怀关于迅速选定新占领的各县县长及杨成武、徐海东部部署的意见》（1937年10月27日），载《晋察冀抗日根据地》史料丛书编审委员会、中央档案馆编：《晋察冀抗日根据地（第1册）文献选编》上，中共党史资料出版社，1989年，第53页。

④ 中共张家口市委党史研究室：《中共张家口地方史》第1卷，中共党史出版社，2001年，第286页。

袭涞源县城，守敌闻讯而遁，八路军入城后便与地方党组织接上了关系，10月11日涞源县民主政府在东大庙正式成立，县长之职最初由八路军干部担任，11月以后基本由地方干部继任①。县政府成立之后便发动群众支援抗日斗争、参军参战，涞源还曾被晋察冀边区授予"对敌斗争模范县"②称号。"1937年10月到1938年9月底是边区由创立到发展的时期，在我手中的县城有数十个。"③此间，八路军占领的其余各县城的建政情况亦大致如此，对晋察冀抗日根据地的巩固与建设有着积极作用。

日军为保证其后方尤其是铁路运输的安全，自1937年11月起便调集数万兵力，从铁路沿线出动，对晋察冀进行大规模的围攻，所到之处疯狂烧杀抢掠，企图把晋察冀抗日根据地消灭在摇篮之中。晋察冀军民灵活运用毛泽东游击战的理论和原则，广泛对敌开展伏击、夜袭、侧击，以削弱、疲惫敌人。到1937年底，八路军虽然从蔚县、阳原等县城撤出，但日军围攻被粉碎，晋察

---

① 任生桥主编：《红色涞源》，九州出版社，2013年，第17页。
② 《涞源县志》，新华出版社，1998年，第472页。
③ 《晋察冀边区六年来的工作简报》，载中国人民解放军政治学院党史教研室：《中共党史参考资料》第17册，1985年，第254页。

冀抗日根据地在华北敌后站稳了脚跟。1938年夏秋之季，中共冀热边特委领导的冀东大暴动曾一度攻克昌平、兴隆、蓟县、平谷、玉田、迁安、卢龙、乐亭等多座县城，但随着暴动失败各城市亦复归敌手[1]。阜平、涞源等县城也在抗战期间经历了多次与日寇的拉锯战。据《阜平县志》载，抗战期间日军曾8次扫荡阜平县，6次侵入阜平县城，制造了上百起惨案[2]。《抗敌报》载："城内的房子——尤其是南关大街，县署大街，文娴街一带，从东门到西门都被轰炸焚烧尽净了。"[3]涞源县城在全面抗战爆发半年间就三易其主，落于敌手达6年之久，敌人在县城烧杀抢掠，奸淫妇女，无恶不作[4]。从1938年开始，"日军盘踞着周围的大城市和铁路干线，后来又占据了全部的县城和较大的村镇"[5]，个别县城虽曾被八路军短暂

---

① 中共北京市委党史研究室：《中国共产党北京历史》第1卷，北京出版社，2011年，第306页。

② 《阜平县志》，方志出版社，1999年，第14—19页。

③ 流冰：《被日寇烧毁后的阜平城》，载晋察冀日报史研究会编：《〈晋察冀日报〉通讯全集》1938—1940年卷，中共党史出版社，2012年，第16页。

④ 任生桥主编：《红色涞源》，九州出版社，2013年，第22页。

⑤ 《聂荣臻回忆录》，解放军出版社，2007年，第327页。

攻克①，但边区绝大多数县城的最终克复是在抗战胜利前后。1940年彭德怀在《三年抗战与八路军》一文中指出："三年中间，八路军曾经收复和占领了一百五十余县城，曾经袭占过济南、保定以及山东沿海许多重要城市，八路军部队经常在北平西山中出没，布告曾经粘贴到北平城内。"②保定、北平等城市是晋察冀边区的战略辐射地，这些地区抗日军民的英勇斗争事迹是八路军在敌后抗战的真实写照。

抗战期间，晋察冀八路军多次占据华北的一些县城，但由于随时要对付日寇的"扫荡"，并没有对城市进行真正意义上的管理与建设。在一些临时夺取又无法固守的城市，八路军一般会收集敌伪战略物资，转运至根据地，加强根据地的建设。即便是一些固守时日较长的城镇，也会随时转变为抗日的战场，抑或将其作为诱敌深入的

---

①洛濒:《攻克灵寿城》，载晋察冀日报史研究会编:《〈晋察冀日报〉通讯全集》1942年卷下，中共党史出版社，2012年，第564—566页；丁原:《完县城里的"不安"和"肃正"》，载晋察冀日报史研究会编:《〈晋察冀日报〉通讯全集》1942年卷上，中共党史出版社，2012年，第288—289页。

②彭德怀:《三年抗战与八路军》，载《红色档案：延安时期文献档案汇编》（解放第6卷第118期），陕西人民出版社，2013年，第600页。

"诱饵"①。当然，要坚持持久战必须进行经济建设，晋察冀边区经济建设的基本任务是："发展独立的民族经济，充实国防，加强抗战力量，改善并增进人民生活，以利于抗战的经济动员。"②在根据地内部主要发展农业和军工，同时在一些八路军占据的县城或人口聚集区以发展手工业和家庭副业为主，产品以纺纱织布、农具、食盐、煤炭居多，并在此基础上开展出入贸易，建立关税制度，以维持根据地内必需品的输入。凡此种种，构成了晋察冀边区城市管理与建设的"雏形"。

二、城市工作战略任务的部署

大革命失败后，毛泽东深刻地认识到我党我军力量的薄弱，决定改变"城市中心论"，走上了一条以乡村为中心、再图进攻城市的革命道路。遵义会议后党的工作重心完全转入农村，剔除了王明"左"倾路线的干扰，彻底摒弃了"城市中心论"。但中国共产党人始终没有放

---

① 邵子南：《敌人和阜平城》，载晋察冀日报史研究会编：《〈晋察冀日报〉通讯全集》1944年卷上，中共党史出版社，2012年，第57—58页。

② 谢忠厚、肖银成主编：《晋察冀抗日根据地史》，改革出版社，1992年，第38—40页。

弃"城市工作",且适时发展城市秘密斗争和统一战线工作,有效配合了农村革命根据地的斗争。全面抗战爆发的前六年,共产党坚持敌后抗战,占据了南北方大片农村,群众工作取得显著成效。虽然共产党的力量与日寇相比仍势单力孤,无法进攻日寇盘踞日久的大城市,但城市工作一直为党中央所关注。

早在 1940 年中共中央即发出《关于开展敌后大城市工作的通知》第 1 号和第 2 号。1 号通知称:中央成立敌后工作委员会(同中央情报部合署办公,城工委前身之一①),领导与推动整个敌后城市工作,在中央局、中央分局及临近敌区的区党委,也应成立城市工作委员会,并在全国范围内确定以上海、北平、天津等 14 处为据点,逐步开展城市工作②。第 2 号通知强调开展敌后城市工作,必须准备大批干部。通知就"搜集"干部的工作范围、类别和应注意事项等提出了具体意见③。根据中央的部署,晋察冀城工委亦于此间成立。"1941 年 2 月 17

---

① 中央敌后工作委员会与中央城市工作委员会的具体联系及其演化脉络有待进一步考证。

② 中央档案馆编:《中共中央文件选集》第 12 册,中共中央党校出版社,1991 年,第 490—493 页。

③ 中共北京市委党史研究室编:《北京革命史大事记(1919—1949)》,中共党史资料出版社,1989 年,第 241 页。

日，中共中央又指出，要把城市工作放在有决定意义的大城市和产业部门中，并对开展敌后城市工作的组织原则和工作方针做了明确的规定"[1]，强调必须采取"隐蔽精干、积蓄力量、以待时机"的方针。4月4日中央城工委发出《关于敌后大城市群众工作的指示》，要求："实现党的隐蔽政策时，敌后城市中的党不是脱离群众，使党孤立起来，而是以适当的方法建立广泛的社会统一战线，适当地进行群众工作，密切党与群众的联系，使党能够得到社会掩护，真正的埋藏于广大群众中，这是巩固与加强党的基本问题。"[2]在中共中央和城工委的统一部署下，晋察冀边区适时地开展了敌占城市及交通要道的秘密斗争和统一战线工作。

1940年，冀热察区党委根据中央指示将北平、天津、唐山的地下工作移交给晋察冀边区领导。当时北平地下党组织破坏严重，晋察冀城工委成立后坚持贯彻落实党中央的部署，北平城内党的工作有了明显改善。1942年晋察冀城工委沿平汉铁路建立了秘密交通线，对

①谢忠厚、肖银成主编：《晋察冀抗日根据地史》，改革出版社，1992年，第551页。
②中共北京市委党史研究室编：《抗日战争时期中共北平地下党斗争史料》，1995年，第34页。

安排进步人士到晋察冀工作发挥了重要作用①，如董鲁安、林迈可、威廉夫妇等均通过秘密交通线进入晋察冀工作②。1943年以后，随着晋察冀边区的恢复发展，区党委和地委均建立了城工委或城工部③。当时党在城市的工作虽均处于秘密状态，但言及"城市工作"主要是指对群众开展多方面的宣传与组织工作，与敌工、情报等部门在城市开展的秘密斗争严格划开，属于统一战线性质。

全面抗战爆发后的前六年，共产党在敌后抗日根据地建设工作中取得巨大成绩，但城市工作一直处于起步阶段。1944年4月12日毛泽东在《学习和时局》中指出："关于大城市和交通要道的工作，我们一向是做得很差的。如果现在我们还不争取在大城市和交通要道中被日本帝国主义压迫的千百万劳动群众和市民群众围绕在我党的周围，并准备群众的武装起义，我们的军队和农村根据地就会得不到城市的配合而遇到种种困难……但是现在不同了，第六次全国代表大会的决议要在第七次

① 张大中：《北平地下抗日斗争的回忆》，载政协北京文史委编：《北平地下党斗争史料》，北京出版社，1988年，第306—320页。
② 谢忠厚、肖银成主编：《晋察冀抗日根据地史》，改革出版社，1992年，第557页。
③ 谢忠厚、肖银成主编：《晋察冀抗日根据地史》，改革出版社，1992年，第558—561页。

全国代表大会以后实行了……我们要在根据地内学习好如何管理大城市的工商业和交通机关。"① 可见，夺取城市是党的六大提出的战略任务，但十年内战及抗战前六年均没有条件去实现。此时，毛泽东重新提出这项任务并将其上升至战略高度，是由客观形势决定的。1944 年，抗日根据地已有很大发展，日军所占领的交通要道和大城市都处在根据地的包围之中，而国民党军主力在黄河以北几乎没了踪迹。因而当抗日战争进入反攻阶段，人民军队完全有可能首先进入这些大城市。

在之后召开的党的六届七中全会上，毛泽东多次重申了城市工作的重要性。除再次提出中共七大以后要执行中共六大路线外，还预见到了工作重心向城市转移过程的曲折性。他说："党的工作重点由城市转到农村，曾经发生过许多争论，将来由农村转到城市，又会发生许多问题，这就要求我们要有精神上的准备，学会做经济工作，学会做城市工作。"② 显然，这里所讲的"城市工作"并非党的城市秘密斗争和统一战线工作，而是指城市接管工作。

---

①《毛泽东选集》第 3 卷，人民出版社，1991 年，第 946 页。
②《毛泽东文集》第 3 卷，人民出版社，1996 年，第 141 页。

1944 年 6 月 5 日，党的六届七中全会第二次会议讨论并通过了毛泽东起草的《中共中央关于城市工作的指示》，指出："不占领大城市与交通要道，不能驱逐日寇出中国。不争取在日寇压迫下的千百万劳动群众与市民群众，瓦解伪军伪组织，并准备武装起义，不能配合军队与农村占领大城市与交通要道……必须把城市工作与根据地工作作为同等重要的两大任务，而负起准备夺取所属一切大、中、小城市与交通要道的责任来。"[①] 是时，欧洲战场的意大利法西斯已经投降，苏、美、英向德、日发起了战略反攻，中国共产党领导的抗日力量也开始局部反攻作战，而国民党方面却出现了严重的政治、经济和军事危机，正面战场一溃千里。这是一种历史的机遇，毛泽东认为，在这样有利的形势下，再不提出"占领城市"这个任务，"我们在抗战中将犯大错误"[②]。正是基于对抗战后期国际、国内形势的理性分析，以毛泽东为首的共产党人开始了"徐图城市"的理论与实践准备。同时，中共中央颁布了《关于建立城市工作部门的指

① 《建党以来重要文献选编（1921—1949）》第 21 册，中央文献出版社，2011 年，第 299—300 页。

② 中共中央文献研究室编：《毛泽东传 2》，中央文献出版社，2013 年，第 710—711 页。

示》①（1944年9月4日），成立了城市工作部，主要负责城市统一战线工作并在后来的城市接管工作中承担了重要职责。

根据上述指示，各中央分局开始逐步落实，大规模的城市工作随即展开。在晋察冀边区，1944年9月"分局决定以原城工委为基础组建分局城市工作部，刘仁为部长。10月初，分局召开边区扩大的高级干部会议，传达了中央关于加强城市工作的指示，并对加强城市工作作了具体部署"②。各区党委亦根据分局指示制定了本区的城市工作计划，如《中共冀中区党委关于城市工作的指示》③（1945年2月1日）。自此，晋察冀分局城工部，以及冀晋区、冀热辽区、冀中区各党委下设的城工部，还有平北地委城工部等，分别向北平、长辛店、南口等地派出大批干部开展宣传工作和群众工作。同时，"分局城工部还先后动员数百名进步青年和抗战人士到根据地，包括中国大学教授蓝公武、师范大学教授李鉴波、燕京

①《建党以来重要文献选编（1921—1949）》第21册，中央文献出版社，2011年，第486页。
②中共北京市委党史研究室著：《中国共产党北京历史》第1卷，北京出版社，2011年，第373—374页。
③中共河北省委党史研究室编：《冀中历史文献选编》中，中共党史出版社，1994年，第341—343页。

大学教师崔毓麟（化名林子明）等知名人士"[1]。晋察冀边区各级城工部门坚决贯彻执行了中共中央关于加强敌占城市和交通要道工作的战略方针和指示，推动城市地下党组织不断发展壮大。在日寇宣布无条件投降前，晋察冀很多县城即通过里应外合被我军收复。抗日战争大反攻阶段，地下党组织在接管城市工作中发挥了重要作用。

三、党的七大以来接管城市的准备

1945 年党的七大召开前夕，毛泽东在《必须学会做经济工作》与《时局问题及其他》中谈及了城市接管问题。《必须学会做经济工作》虽局限于农村，但也指出："将来从城市赶跑敌人，我们也会做新的经济工作了。中国靠我们来建设，我们必须努力学习。"[2]《时局问题及其他》在谈到"山头主义"问题时，毛泽东说："只有在将来全国胜利了，有了大城市，到处交通很便利，报纸能够销到全国，电讯能够通到各地，开会也很方便，那个时候才会彻底消灭山头主义。"[3] 这些论述无疑是对城市接

管工作的长远愿景。

在党的七大上，毛泽东的报告多次提及城市工作的方针，指出农民是工人的前身，"将来还要有几千万农民进入城市，进入工厂。如果中国需要建设强大的民族工业，建设很多的近代的大城市，就要有一个变农村人口为城市人口的长过程"①。"在城市驱逐日本侵略者以后，我们的工作人员，必须迅速学会做城市的经济工作。"②在党的七大口头政治报告中，毛泽东谈到了城市接管工作，指出："现在要最后打败日本帝国主义，就需要用很大的力量转到城市，准备夺取大城市，准备到城市做工作，掌握大的铁路、工厂、银行。那里有成百万的人口，比如北平有一二百万的人口，保定、天津、石家庄的人口也很多……把重心转到城市去，必须要做很好的准备……我们一定要在那里开八大。"③他进一步强调："城市工作要提到与根据地工作同等重要的地位，这不是口头上讲讲的，而是要实际上去做的，要派干部，要转变思想。"④党的七大报告结论更是明确提出："由农

①《毛泽东选集》第3卷，人民出版社，1991年，第1077页。
②《毛泽东选集》第3卷，人民出版社，1991年，第1091页。
③《毛泽东文集》第3卷，人民出版社，1996年，第332—333页。
④《毛泽东文集》第3卷，人民出版社，1996年，第333页。

村转变到城市，由游击战转变到正规战，由减租减息转变到耕者有其田，这些都是民主革命阶段中因形势变化而产生的……我们可能要集中二十到三十个旅，用新式武器装备起来，去打大城市，这也要有准备……要有这种精神准备……有了大城市，整个情况就会起很大的变化。"①

可见，党的七大报告初步谈及了工作重心的转移，口头政治报告提出党中央准备实施工作重心的转移，并要求共产党人做好"城市化"的理论准备，明确提出了"夺取城市"的战略任务。党的七大从中国共产党能否长期生存发展、能否夺取全国胜利的战略高度提出了夺取城市的重要性，夺取城市成为抗战胜利后共产党人的重大目标。

根据党的七大方针，中共中央晋察冀分局出台了《关于城市工作的指示》（1945 年 7 月 25 日），指出："今后为了进一步加强城市工作，彻底打通思想，各地对城市工作的思想动员，还应继续进行……使城市工作真正成为全党大家来做的工作，使中央关于城市工作的指示

---

① 《毛泽东文集》第 3 卷，人民出版社，1996 年，第 410 页。

能够彻底实现。"① 该指示从宣传工作和组织工作两方面对边区城市工作提出了具体指导意见，仍要求以秘密、隐蔽的形式开展工作。然而，半个多月后日本宣布无条件投降，公开夺取、接管城市的工作被提上议事日程。

1945 年 8 月 10 日，日本通过外交渠道向中、苏、美、英四国发出乞降照会，准备接受《波茨坦公告》。因解放区与沦陷区互相交错，相对于国民党的仓皇应对，共产党人则沉着冷静。同日，党中央发出《关于苏联参战后准备进占城市及交通要道的指示》，要求"准备于日本投降时，我们能迅速占领所有被我包围和力所能及的大小城市、交通要道，以正规部队占领大城市及要道，以游击部队、民兵占小城……当我军进占城镇时，应宣布纲领，特别严明纪律，迅速建立革命秩序，加紧防卫，并注意爱护各种资材，照顾统一战线"②。11 日，党中央在《关于日本投降后党的任务》中着重强调："迅速加强城市工作，特别加强我党可能夺取与必须夺取的那些城市的工作。派大批有能力的干部到这些城市里去，迅速

———————
　　① 河北省社会科学院历史研究所编：《晋察冀抗日根据地史料选编》，河北人民出版社，1983 年，第 493 页。
　　② 中国人民解放军历史资料丛书编审委员会编：《新四军文献》5，解放军出版社，1995 年，第 6 页。

学会管理城市中财政、金融、经济工作，利用一切可能利用的人参加城市工作，解决维持城市秩序，坚决镇压反动派的反抗，但不可轻易杀人。"① 翌日，为加快占领城市，党中央又发出《关于必须占领之交通线及沿线城市的指示》②（1945 年 8 月 12 日）。该指示所涵盖的地理范围均为人民军队抗日鏖战之地，涵盖北平、天津、南京、徐州等几十座大城市。其中，夺取北平、天津的任务责无旁贷地落在了晋察冀边区身上。聂荣臻从延安传达了中央的作战意图，"晋察冀分局、军区根据中共中央作战方针，于当日对边区大反攻作了详细部署：（1）冀晋军区，主要夺取大同、丰镇、集宁、商都等城，其次夺取保定、石家庄，并以一部分兵力策应友区夺取太原。（2）冀察军区，以主力夺取宣化、张家口、张北、多伦、沽源、康保、宝昌等城。（3）冀中军区，冀中力量夺取北平，并以一部分兵力配合冀热辽军区夺取天津。（4）冀热辽军区，主要夺取塘沽、天津，并肃清境内伪军，夺取秦皇岛、葫芦岛。为了准备接收边区辖境内的

①《毛泽东文集》第3卷，北京：人民出版社，1996年，第455页。
②《建党以来重要文献选编（1921—1949）》第22册，中央文献出版社，2011年，第609页。

大城市，并实行军事管制，边区行政委员会还任命了各主要城市的领导人"①。同时，晋察冀分局代理书记程子华召开了干部大会，作《当前情况与我们的紧急任务》②的报告，强调依靠人民群众，迅速扩大我军，依靠乡村夺取并接管城市。

然而，从日本照会接受《波茨坦公告》之日起截至9月2日抗日战争大反攻结束，除张家口、焦作、邯郸、淄博等城市被共产党军队占领外，其余城市均在美国协助下被国民党军占领，抑或遭到日伪军的阻挠而无法实现接管，即便是邯郸、焦作、淄博等地，当时也仅为县一级城市③。晋察冀边区除冀察军区在苏军配合下基本收复作战方针中涵盖之城市外，其他二级军区未夺取任何大城市，敌占大城市中的武装起义计划亦被迫停止④。东北地区的大部分城市由于受到国民政府与苏联签订的《中苏友好同盟条约》的限制，晋察冀边区派出的八路军

---

① 谢忠厚、肖银成主编：《晋察冀抗日根据地史》，改革出版社，1992年，第571—572页。

② 程子华：《当前情况与我们的紧急任务》，《晋察冀日报》1945年8月16日，第1版。

③ 郎琦著：《中国共产党城市接管与建设工作研究（1945—1946）》，红旗出版社，2016年，第103页。

④ 中共北京市委党史研究室著：《中国共产党北京历史》第1卷，北京出版社，2011年，第381页。

一时也未能接管。面对理论与现实的博弈，中共中央不得不调整政策、改变战略方针，从"针锋相对、寸土必争"逐步转变为"让开大道、占领两厢"，在中小城市的接管上逐步占据了主动权。从抗战胜利后到全面内战爆发前，中国共产党在一些规模不及北平、上海的较大城市和中小城市继续着自身"城市化"的进程。晋察冀边区则主要在张家口、承德、赤峰以及辖区内的一些县级城市开展了卓有成效的城市接管与建设工作。

第二章
抗战胜利前后晋察冀边区城市接管的尝试

1945年8月11日至9月2日，遵照党的相关政策，坚持敌后抗战的人民军队开始了大反攻作战，向所包围的大城市和铁路沿线的中心城市展开猛烈的进攻。此间，中国共产党领导的人民军队光复了150座县级以上城市①，大部分为县城或人口聚集区，省会城市仅张家口一座。"由于日、伪军和国民党军队的阻挠，人民军队未能解放被自己包围的一些中心城市和交通要道。"②在已解放、接管的城市当中，隶属于晋察冀边区的占很大比重。其中，张家口"是解放战争前夕我们夺取的第一座较大

---

① 《中国共产党历史（1921—1949）》第一卷下册，中共党史出版社，2011年，第666页。根据《解放日报》（1945年9月13日，第1版）载《我军一月来收复城市百五十六座》，晋察冀收复城市28座，且未计入从苏军手中接管的城市。

② 《中国共产党历史（1921—1948）》第一卷下册，中共党史出版社，2011年，第666页。

的城市"[1]，不久成为晋察冀边区首府，解放区的政治、军事中心之一。共产党以张家口为基本战略根据地，与国民党在东北城市接管上开始了"对抗"与"角逐"，而晋察冀军队成为接管东北城市的"排头兵"。抗战胜利后，在和平、民主、团结的战略方针指引下，共产党开始了城市接管的尝试，晋察冀边区则是重要的试验场。

一、反攻阶段夺取城市的主要方式

随着世界反法西斯战争在欧洲战场的节节胜利，中国战场的解放区军民开始对日军开展局部反攻。1944年到1945年4月，晋察冀边区通过"里应外合"，解放32座县城[2]。1945年春夏攻势作战中，冀晋军区解放雁北9个县；冀察军区攻克怀安、涞源、崇礼3座县城；冀中军区先后收复县城8座；冀热辽军区亦攻克敌据点多处，为八路军挺进东北建立了前沿阵地[3]。由于日军的垂死挣扎，为保存实力，我军主动撤出部分县城。截至1945年

---

[1] 《聂荣臻回忆录》下，解放军出版社，1984年，第591页。

[2] 谢忠厚、肖银成主编：《晋察冀抗日根据地史》，改革出版社，1992年，第565页。

[3] 谢忠厚、肖银成主编：《晋察冀抗日根据地史》，改革出版社，1992年，第502—506页。

6月28日，晋察冀边区共有阜平、灵丘、肃宁、任丘、河间、饶阳、安平、武强、深泽、新镇、文安、涞源、山阴、新安等14座县城[①]。"在大反攻中，晋察冀边区部队向日军在华北的巢穴进攻，收复了张家口、宣化、山海关等70余座城市。"[②] 这些城市解放与接管的方式复杂多样，故以主要案例详述，其余或简或略，以求窥一斑而知全豹。

（一）人民军队以武力从日寇手中光复

抗战期间，人民军队光复城市的主要方式是武力。苏联出兵中国东北后，因其受不得越过长城的限定[③]，长城以南的广大区域仍旧需要人民军队以武力克复。在晋察冀边区，张家口是大反攻阶段八路军从日寇手中光复的第一座也是唯一一座省会城市（察哈尔省）。光复张家口的战役，由于苏军起到了重要的配合作用，其过程可谓风云变幻、波诡云谲，平北部队在逆境中奋勇杀敌，实现了光复国土的夙愿。

---

①《社论：晋察冀扩大解放区的胜利》，《晋察冀日报》1945年6月28日，第1版。

②谢忠厚、肖银成主编：《晋察冀抗日根据地史》，改革出版社，1992年，第592页。

③郎琦：《1945年中苏军队张北会师及其战略意义》，《河北北方学院学报（社会科学版）》2016年第1期，第22—26页。

其一，光复张家口战役过程。

1945 年 8 月日寇在张家口戒备森严，驻有第二混成旅团，并从华南大规模调动兵力以加强华北的战备，得知苏联出兵中国东北的消息，日军的"中国派遣军……鉴于蒙疆方面兵力有限，首先命令第 118 师团从上海方面转移至张家口"①。张家口成为日军同八路军与苏军作战的前线。

苏联对日宣战后，正在延安开会的聂荣臻命令冀察军区派部队与苏军联络并夺取张家口。日寇宣布无条件投降后，收复失地成为解放区广大军民的自觉行动。与中共的从容应对相比，躲在大西南的蒋介石集团则十分慌张：一是中共军队深入敌后很容易接管日伪投降事宜；二是国民党军队很难在短期内到达中国腹地的各大中城市。为此，蒋介石一面命令中共军队"原地待命""不准擅自行动"，一面与美国联系通过各种方式向各地运输军队且令日伪军维持治安。在张家口问题上，蒋介石令傅作义部由绥远东进，抢夺张家口。

1945 年 8 月 16 日，平北部队已与苏军会师张北并

---

① （日）服部卓四郎著，张玉祥译：《大东亚战争全史》第 4 册，商务印书馆，1984 年，第 1741 页。

联系协同作战事宜①，达成联合进攻张家口的"口头协议"。根据晋察冀军区的军事部署②，"平北部队立即做好进攻张家口的准备；并命令参谋长易耀彩（冀察军区——注）指挥察南分区部队，协助平北部队攻占张家口"③，加之与苏军的"口头协议"，可谓是"三路合围"。

平北部队在军分区政委段苏权的率领下，从赤城火速向张家口进发。据段苏权回忆："出发前，我们作了两手准备：一是争取和平受降；二是如果敌人拒绝投降，我们就以武力收复张家口。"④8月18日，八路军派出两名代表持朱德总司令的命令和冀察军区司令部的公函前往日本驻蒙疆派遣军司令部谈判。起初，日军对八路军表示尊敬，愿意向八路军投降，但不久，驻张家口的日军参谋长中川向八路军代表说：已接到冈村宁次的命令，张家口的日军只能向蒋介石的"合法政府"投降，不准

---

① 《红军进入边区北线 解放张北多伦等城 我军猛扑张家口配合红军作战》，《晋察冀日报》1945年8月17日，第2版。

② 《聂荣臻：配合苏联红军进占张家口并向大同前进》（1945年8月18日），中国人民解放军档案馆藏，档号：311-Y-WS.W-1945-002-011。

③ 河北省社会科学院历史研究所：《晋察冀抗日根据地史料专辑》，河北学刊杂志社，第139页。

④ 段苏权：《收复张家口之战》，载中共河北省委党史研究室编：《晋察冀解放区首府张家口》，中共党史出版社，1996年，第482页。

向八路军投降。八路军代表立即向中川严正指出，八路军就是中国合法政府的代表，并警告日方，八路军已将张家口包围，日军若拒绝投降只能自取灭亡[1]。日军之所以出现反复，一是为掩护其"侨民"撤退，故意在拖延时间；二是蒋介石确实专门电令冈村宁次不得向八路军投降，朱德致电冈村宁次要求日军向中共军队投降则遭拒绝。八路军武力收复张家口后，日军还为此向国民党政府多方狡辩。

和平受降既已无望，只能武力收复张家口。8月20日清晨6时，八路军向拒绝投降的日军发起猛烈攻击，8时多打进市区，占领日本驻张家口"公使馆"。但由于苏军进攻狼窝沟受挫，察南分区部队也因洋河涨水未能及时从南部进攻日军，在敌我力量对比悬殊的情况下，平北部队在占领张家口清水河以东地区后未能扩大战果[2]，收缴了部分日军辎重，当夜撤回人头山一带休整。

日军误以为苏军会南下越过长城，与八路军对其形

---

① 段苏权：《收复张家口之战》，载中共河北省委党史研究室编：《晋察冀解放区首府张家口》，中共党史出版社，1996年，第483页。

② 中共中央党史研究室：《中共党史资料》第8辑，中共党史资料出版社，1983年，第301页。

成合围，开始仓皇撤退。8月21日夜，前往苏军驻地联络的平北军分区司令员詹大南致电段苏权：苏军在狼窝沟进攻受挫，但22日仍按原部署进攻张家口①。段苏权遂率领平北部队向张家口发起第二次攻击，占领火车站堵死敌人退路，战斗进入胶着状态，敌我伤亡都很大。战斗持续一天仍未见苏军进攻张家口，平北部队只得撤出战斗。大同及狼窝沟撤退的日军及日侨趁机仓皇南逃。

此时，平北部队才意识到，苏军未履行"口头协议"，自始至终都是孤军奋战。然而，收复国土是神圣使命，只得奋力一搏。8月23日，平北部队从拂晓开始又向张家口发起冲击，勇猛插入市区，分割歼灭敌人，中午包围了德王府，向盘踞在德王府里的伪军警发起强大政治攻势。伪军大部投降，一部分向万全方向逃窜。八路军一鼓作气，将逃窜的伪军追歼消灭，趁势收复了万全县城。下午3时，市区战斗基本结束。前来助战的察南部队也在洋河水位退下后于23日清晨攻入市区，并占领大境门、西太平山、赐儿山一线制高点和市内部分地

---

① 段苏权：《收复张家口之战》，载中共河北省委党史研究室编：《晋察冀解放区首府张家口》，中共党史出版社，1996年，第484页。

区。此役共歼灭日伪军2000余人，其中日军200人①。

至于苏军始终没有进攻张家口的原因，据苏联国防部档案馆档案载："8月21日……为了不越过长城一线，方面军司令员命令停止向张家口进攻，因为长城是苏蒙军队同中国八路军的分界线。"②8月24日，苏军派库兹尼卓夫上校乘车从张北来到张家口，向八路军光复张家口表示祝贺，并解释了未能协同进攻张家口的原因，即上级规定苏军不得越过外长城③。

8月25日，张家口新华广播电台向全国人民庄严宣告，被日寇侵占8年之久的张家口已回到人民手中。9月晋察冀边区党政军移驻张家口后，召开了庆祝张家口光复的祝捷大会，聂荣臻指出："这一次我们所以能收复张家口，并不是敌人投降的结果，而是我们边区子弟兵——八路军游击队和广大民兵以及张家口各界同胞，

---

① 段苏权:《收复张家口之战》，载中共河北省委党史研究室编:《晋察冀解放区首府张家口》，中共党史出版社，1996年，第486页。

② 苏联国防部档案馆档案，第16a类，第1022目，第47宗，第32张。（苏）阿奇卡索夫、普洛特尼科夫主编；安徽大学苏联问题研究所译:《第二次世界大战史（1939—1945年）》第11卷，上海译文出版社，1989年，第418页。

③ 段苏权:《收复张家口之战》，载中共河北省委党史研究室编:《晋察冀解放区首府张家口》，中共党史出版社，1996年，第486页。

用我们自己的力量英勇的战斗得到的。"①

其二，苏军所起的作用分析。

由于日寇拒绝向平北八路军投降，因而光复张家口的战斗一直在持续。驻张日军为保护其"侨民"及财产向京津地区转移，负隅顽抗，在狼窝沟一线阻击苏军②，同时"使日侨或徒步，或搭汽车或火车向京津地区撤退"③。8月19日，苏军以猛烈炮火轰击日军前沿阵地。日军为拖延时间，在阵地上让士官摇动白旗，摆出要投降的姿势，傍晚用扩音器以俄、蒙两种语言播放了要求停战的请求，但并未有任何实质行动④。

在平北部队进攻张家口市区的同时，20日晨，苏军对狼窝沟日军发起全面进攻。苏军在夺取北路大桥战斗中付出很大牺牲，又在日军的防坦克壕沟与其展开英勇拼杀，击退日军数次反扑。此时，日军使团举着白旗交涉停战事宜。苏军响应日军的停战谈判，并提出日军要

①《聂荣臻在张家口市庆祝抗战胜利大会上的讲话》，《晋察冀日报》1945年9月18日，第1版。

②当时日军尚未掌握苏军不过"外长城"的底线，因而在外长城以北的狼窝沟阻击苏军。

③（日）服部卓四郎著，张玉祥译：《大东亚战争全史》第4册，商务印书馆，1984年，第1744—1745页。

④张北县档案史志局编著：《中共张北县地方史》第1卷，中共党史出版社，2011年，第55—56页。

立即解除驻张家口的全部武装 ①。日军以"传达命令经司令部批准需要时间"为借口，继续拖延。20日夜，苏军向日军阵地发起攻击，一直深入到黑风口东侧的山岳地带，与日军展开短兵相接的白刃战。21日，双方继续交涉未果。深夜，日军主力开始向张家口撤逃。当苏军再次向日军阵地全线发起进攻时，缴械投降的是没有来得及撤退的日军阵地守备部队。据统计，"狼窝沟之战，苏蒙联军共毙、伤、俘日军860多人，其中击毙200多人，俘虏军官82人，士兵578人，缴获了大批弹药和军用物资" ②。

苏军占领日军狼窝沟阵地后，并未乘胜向张家口追击，没有履行以军事行动协助八路军收复张家口的"口头协议"，而此时的平北部队正在与日军进行艰苦的阵地战。但狼窝沟之战对日军形成了强大的威慑，据苏方资料载："8月21日，骑兵机械化集群以主力实施正面突击，对日军防御阵地发起了坚决的冲击。一部兵力在突破敌防御阵地后，直插筑垒地域后方，占领通往张家口

---

① （日）服部卓四郎著，张玉祥译：《大东亚战争全史》第4册，商务印书馆，1984年，第1743页。

② 张北县档案史志局编著：《中共张北县地方史》第1卷，中共党史出版社，2011年，第56页。

的公路，而后实施迂回。此举对日军士气产生了决定性的影响。他们放弃了防御工事向张家口退却。"① 当然，苏军能够起到威慑作用更得益于八路军与其在张北会师并联络协同作战②。据日方资料显示："苏军在张家口、古北口两方面……硬向似已预定的目标前进……虽不知其原因何在，但可以想象似与中共气息相通，以便迅速解放这些地区。"③ "蒙疆方面的苏军同延安军互通声息，想抢在重庆方面的傅作义军的前面占领张家口，直到19日仍未停止战斗。"④

其三，张家口光复缘由解析。

"1945年8月9日，日本政府最后决定接受波茨坦公告。"⑤ 但驻张家口的日军司令官根本博决意顽抗到底："争取一周时间的机动余地，应以此为目的，进一步交涉；如果对方不予接受，为了赢得最低限度的时间，坚

---

① （苏）弗诺特钦科著，沈军清译：《远东的胜利》，辽宁人民出版社，1979年，第221页。
② 郎琦：《1945年中苏军队张北会师及其战略意义》，《河北北方学院学报（社会科学版）》2016年第1期，第22—26页。
③ （日）冈村宁次著，稻叶正夫编：《冈村宁次回忆录》，中华书局，1981年，第41页。
④ （日）服部卓四郎著，张玉祥译：《大东亚战争全史》第4册，商务印书馆，1984年，第1743页。
⑤ 《中国共产党历史（1921—1948）》第一卷下册，中共党史出版社，2011年，第666页。

决在长城外线要地阻止敌军前进。"① 但是，日军的华北方面军司令官和中国派遣军司令官未予批准，要求其"采取一切手段迅速停止战斗，并进行就地停战交涉及交出武器"②。面对平北八路军与苏军猛烈进攻的态势，驻张家口的日军既等不到国民党的"合法政府"前来接收，又不愿坐以待毙自寻"死路"，因而只有"逃跑"一条路可走。

战场环境瞬息万变。八路军、苏军、日寇三方信息互不相通，因翻译人员不合格等因素，八路军并不知晓苏军进攻的底线（不过外长城）③。在光复张家口战役中，平北部队以装备较差的武器，多次堵截日军退路并与其进行胶着的阵地战，这在共产党敌后抗战中较为鲜见。平北部队在光复张家口战役中发挥了主导作用，加速了日寇撤退至平津，使国民党傅作义部抢夺张家口的妄想化为泡影。

事后分析，进攻张家口时，平北部队的处境十分危

---

① （日）服部卓四郎著，张玉祥译：《大东亚战争全史》第4册，商务印书馆，1984年，第1744—175页。

② （日）冈村宁次著，稻叶正夫编：《冈村宁次回忆录》，中华书局，1981年，第41页。

③ 詹大南：《回忆与苏蒙联军联络的经过》，载《河北文史资料（张家口卷）》上，中国文史出版社，2012年，第149页。

险。在战役过程中，假设日军在"三路合围"前已经知晓苏军的进攻底线，那武器装备落后的平北部队无疑难以抵御日寇顽抗，且日军下达"行使自卫"的作战指示后①，平北部队甚至有被"消灭"的危险。然而，历史不允许假设，战争之存亡之道，狭路相逢勇者胜，平北部队的英勇抗敌精神是光复张家口的重要原因。

在光复张家口战役中，日军也在加紧部署。"驻蒙军从 20 日开始进行交涉，并将前来增援的第一百一十八师团主力（因 17 日以后逐渐到达）部署于张家口以南地区"，"内蒙方面的苏蒙军策应共军的纷纷起义，重庆方面傅作义军想要抢先占领张家口，从 19 日开始进攻张北阵地"②。可见，平北部队必须抢在傅作义部之前光复张家口。但苏军"骑兵机械化集群张家口集团从 8 月 22 日起在张北以南六公里地区转入防御"③。平北部队只能抱着自我牺牲精神，凭借一己之躯第三次进攻张家口。在平北

---

① （日）服部卓四郎著，张玉祥译：《大东亚战争全史》第 4 册，商务印书馆，1984 年，第 1745 页。

② 日本防卫厅战史室：《华北治安战》下，天津人民出版社，1982 年，第 463 页。

③ （苏）阿奇卡索夫、普洛特尼科夫主编；安徽大学苏联问题研究所译：《第二次世界大战史（1939—1945 年）》第 11 卷，上海译文出版社，1989 年，第 438 页。

部队强大政治、军事攻势下，张家口市内残余的日军及伪军只得举手投降。

八路军光复张家口后，国民党十分恼火。《何应钦再次声明禁止其他部队受降致冈村宁次中字第十六号备忘录》中指责日军："二、据报我察哈尔省会张家口于八月二十五日晨（应为 23 日——注）被不明番号之军队，一说系股匪占领，本总司令殊为遗憾。查察、绥、热三省地区，本部备忘录第一号及第四号明白规定，应由第十二战区司令长官傅作义上将负责接收，在傅长官及其所指定之中国正规军未到达前，该地区日军，应负责维持该地秩序。三、希贵官立即查明张家口究被何项部队占领，如果属实，贵官及当地日军长官应负其责"①，并要求日军迅速恢复该地区原状态，直至傅作义接收。但对张家口来讲，日寇绝无"回天之术"。苏军驻守坝头一线，平北与察南部队会师后担任张家口南部警戒，日寇再无能力越雷池一步。

总之，张家口光复原因是多方面的：一是平北军民经过艰苦的游击战争，在张家口周边建立了稳固的根据

---

① 中国第二历史档案馆编：《中华民国史档案资料汇编 第五辑第三编 军事（一）》，中国档案出版社，1999 年，第 757 页。

地，八路军部队训练有素，具备灭日伪、拔据点、光复较大城市的能力，这是张家口光复的根本原因；二是在世界反法西斯战争胜利大环境下，日伪已惶惶不可终日，如丧家之犬，党中央在风云变幻时刻作出大反攻决断，为平北部队光复张家口奠定了政治基础；三是苏军进攻狼窝沟的威慑，八路军兄弟部队的配合，对平北部队光复张家口起到了推动作用。

（二）苏军移交城市政权于中共

1945年8月8日苏联对日宣战，随后即出兵中国东北及热河、察哈尔地区。在东北，由于受到《中苏友好同盟条约》的限制，苏军并未公开支持中国共产党接管城市，很多城市如长春、沈阳等，共产党均是几进几出，最终还是靠人民军队从国民党军手中解放。但也有个别城市例外，如佳木斯。苏军解放佳木斯后，抗联干部即建立了工作点，协助苏军维持城市秩序，迎接八路军的到来。苏军撤出后，佳木斯被共产党接管并牢牢控制，成为东北地区的重要战略基地①。与东北地区不同的是，晋察冀长城沿线的八路军遵照大反攻的命令积极北上寻

_____

① 《佳木斯市志》，中华书局，1996年，第5页。

求与苏军会师，到 8 月中下旬，与苏军在热河、察哈尔地区呈现大会师局面。因热、察两地不受《中苏友好同盟条约》限制，在共产党的积极争取下，会师后不久苏军即把所占领的各级城市交于我方人员接管。

其一，中苏军队在晋察冀的会师考略。

苏联方面出兵中国亦称远东战役，苏军参战部队有"后贝加尔、远东第 1、远东第 2 三个方面军"①。在苏联休整的东北抗联配合苏军协同作战，重新进入中国东北。"进攻分四路进行：第一路军从西面攻入东北中部平原地区，向长春、沈阳推进；第二路从外蒙向张家口、承德、锦州地区进攻，从南面包围关东军；第三路从东面攻入东北中部平原，向吉林、长春、哈尔滨推进；第四路从北面攻入东北，向哈尔滨、齐齐哈尔推进。"②其中，外蒙方向的后（外）贝加尔方面军一部与蒙古人民军组成苏蒙联军。据苏方资料显示："编有蒙军的机械化骑兵集群的部队在张家口方向上击溃敌骑兵师后，在张家口接近地与敌小集群进行了战斗，而在热河方向上进攻的机械

---

① 《中国抗日战争史》编写组：《中国抗日战争史》，人民出版社，2011 年，第 614 页。
② 胡德坤著：《中日战争史（1931—1945）》，武汉大学出版社，2005 年，第 435 页。

化骑兵集群主力的先遣支队则占领了多伦。"①

可见，苏军的进攻方向除东北全境外直抵晋察冀边区北部，深入热河、察哈尔两省。尤其是察哈尔省，是晋察冀抗日根据地的主要组成部分，因而晋察冀八路军能够最先接触到苏军。据苏军领导人扎哈罗夫等回忆："骑兵机械化集群8月15日前进约八十公里。其先遣部队进入张北……在张家口和热河（承德）地区，苏军开始与中国人民解放军的部队接触，并组织彼此间的协同行动。"②据此，"会师"之地大致可分为晋察冀军区所属的张家口（冀察军区）和承德地区（冀热辽军区）。

因冀热辽地区是挺进东北的前沿阵地，党中央十分重视。延安总部第2号命令即要求吕正操、张学思、万毅、李运昌率八路军向北发展寻求与苏军会师③，但随即电告"除李运昌部队外，并非要吕（正操）、张（学思）、万（毅）等马上开往东四省"④。李运昌部遂积极向北推

---

① （苏）格里亚兹诺夫著，朱方等译：《戎马生涯——苏联元帅扎哈罗夫生平》，军事译文出版社，1984年，第118页。
② （苏）扎哈罗夫主编，隽青译：《结局——1945年打败日本帝国主义历史回忆录》，上海译文出版社，1978年，第183页。
③ 朱德：《延安总部命令各路解放军向辽吉热察绥等地挺进》，《解放日报》1945年8月12日，第1版。
④ 《曾克林将军自述》，辽宁人民出版社，1997年，第107页。

进，分西、中、东三路出长城向热河、辽宁进发，寻求与苏军会师[1]，"8月17日，冀热辽进军东北的部队陆续出发"[2]。

据聂荣臻、李运昌、曾克林等回忆[3]，东路，由十六分区司令员曾克林等率领两个团和朝鲜义勇军共四千多人，经过九门口出关，在绥中地区与苏军会师。中路，由十五分区司令员赵文进等率领两个团共三千多人，经过喜峰口出关，解决了伪满军一个旅，在平泉与苏军会师。西路，由十四分区司令员舒行等率领一个团另两个连和挺进支队共两千多人，先解放了兴隆、围场两县，收降了伪满军两个旅。接着，西路部队向承德方向前进，进入承德与苏军会师。可见，冀热辽部队三路人马均与苏军实现会师。

冀热辽部队与苏军的会师有着重要的历史意义。1945年9月15日，东路部队领导人曾克林乘坐苏联驻长春最高司令马林诺夫斯基元帅派出的专机飞抵延安，

---

① 张明远：《我的回忆》，中共党史出版社，2004年，第232—233页。

② 《晋察冀抗日根据地》史料丛书编审委员会编：《晋察冀抗日根据地第3册（大事记）》，中共党史资料出版社，1991年，第287页。

③ 《聂荣臻回忆录》，解放军出版社，1986年，第603—604页；李运昌等编：《雪野雄风》，白山出版社，1988年，第8页。

当天下午中央政治局在杨家岭召开会议，听取了曾克林的汇报，当晚又通过电报将情况报告给正在重庆谈判的毛泽东、周恩来。据此，中央最终确定了"向北发展，向南防御"的战略决策，促成我党我军及时快速地开辟东北根据地并接管东北各级城市的大好局面。曾克林部与苏军的"会师"，成为撬动抗战胜利初期我党我军战略布局的一根重要杠杆。

在冀热辽部队向北挺进之前，冀察军区八路军已先期与苏军会师。冀察军区于1944年9月成立，辖4个军分区，1945年8月增设19军分区。其中12军分区（平北）和19军分区（察北）在抗战末期发展至长城以北[1]。"越过长城"是能够与苏军会师的先决条件[2]。据会师亲历者柴书林回忆："13日中午，中央发来电报，命我骑兵去多伦与苏蒙联军会师……14日中央又发来电报，命

---

[1] 中共河北省委组织部、中共河北省委党史资料征集编审委员会、河北省档案局：《中国共产党河北省组织史料（1922—1987）》，河北人民出版社，1990年，第227—238页。

[2] 当时苏军出兵中国有"不能越过长城"的规定，在参与中苏军队会师的革命者回忆录中，多涉及此问题。"不过长城"源自《雅尔塔协定》，但文字并未显现，美苏通过《雅尔塔协定》实际上达成一种默契：外蒙和满洲是苏联的利益范围，而长城以南的其他中国地区在"门户开放"政策下，为美国的利益区。因此，在1945年8月，八路军只有越过长城才可能实现与苏军的会师。

我们直接去伪察哈尔盟所在地——张北县与苏蒙联军会合。我与吴广义同志随即率支队主力向张北疾进……15日上午，我们在距张北县城三十华里的白庙滩一线……次日中午苏蒙联军正式将张北县城移交给我们……我们在县城北街的大庙召开了庆祝大会。"①另据时任平北军分区政委段苏权回忆："16日晚，察蒙骑兵支队副支队长吴广义、副政委萧泽泉、柴书林打来电报说，他们于15日在张北遇到了苏蒙联军。"②时任平北军分区司令员詹大南也回忆道："我们一行20余人又走了一夜，于18日拂晓到达张北县城附近……当天上午，我们在张北城内找到察北地区专员柴书林和察蒙支队的副队长吴广义、副政委萧泽泉等同志……他们告诉我：这支苏蒙联军15日晚就到了张北。"③1945年8月18日，朱德就"张北会师"向苏军致贺电，内述："我代表中国解放区的八路

---

①《晋察冀抗日根据地》史料丛书编审委员会编：《晋察冀抗日根据地（第2册）》回忆录选编，中共党史出版社，1991年，第454—455页。"在县城北街的大庙召开了庆祝大会"与《晋察冀日报》（1945年8月19日第2版）载《庆祝军区部队与苏蒙军会师群众大会的中心口号》相互印证。

②段苏权：《收复张家口之战》，载中共河北省委党史研究室：《晋察冀解放区首府张家口》，中共党史出版社，1996年，第483页。

③河北省政协文史资料委员会编：《河北文史资料全书（张家口卷）》上，中国文史出版社，2012年，第148页。

军、新四军及华南游击纵队,向你们庆贺我们两方面的会师。"① "我察北作战部队与苏联红军在张北会师后,即并肩对敌作战。"②

冀察部队与苏军的会师受到党中央高度关注。苏军参与对日作战之时,毛泽东即致电斯大林:"我们代表中国人民,对苏联政府的对日宣战,表示热烈的欢迎。中国解放区的一万万人民及其军队将以全力配合红军及其他同盟国军队消灭万恶的日本侵略者。"③张北会师后,一封《晋察冀来:我军与红军会师》的电报被送到党中央,内述:"我冀察军区部队于16日在张北,同苏联红军会师。红军要联络手续,应如何办。请指示。"④电报右侧有周恩来"快送主席"四个字,下方有"已办——毛",可见党中央的重视程度。18日,晋察冀军区再次向党中央发电请示下一步行动。党中央回电:"我军与张北红军会师的部队是何部,有多少人,负责首长是谁,望即电告,

---

① 《中国人民解放军历史资料丛书》编辑组:《八路军文献》,解放军出版社,1994年,第1116页。

② 《察北我军与苏蒙军并肩进攻张家口》,《晋察冀日报》1945年8月22日,第2版。

③ 《我中国解放区军民全力协同红军作战》,《晋察冀日报》1945年8月12日,第1版。

④ 《晋察冀来:我军与红军会师》,中央档案馆馆藏,中D未52号A急。

以便正式介绍和办理联络手续。望即刻复。"①得到晋察冀军区回复后，党中央于当日复电："望立即电令平北军分区政委段苏权：带电台及分局通电的密码，迅速赶往张北与红军会面，取得联络。"②并转朱德"张北会师"贺电，但指出：此电不要对外发表。同时，程子华、耿飚电告即将赴东北工作的李富春："富春同志：与红军会师系平北部队，根据中央宣布张学思部在此方向活动，为了对外宣传，故发表为张学思部。"③可见，中国共产党与苏军在相对保密的状态下初步接触，在了解苏军"愿还政权付我，重我党员，知道我国有阶级敌人"④的情况后，党中央于1945年8月29日作出《关于迅速进入东北控制广大乡村和中小城市的指示》⑤，要求晋察冀和山东解放区迅速派干部和军队进入东北。

中苏军队在张北会师，对八路军光复并接管察哈尔

①《发晋察冀：问与张北红军会师部队》，中央档案馆馆藏，中 D 未 53 号 A 急。

②《发晋察冀：带电台密赶张北与红军联络》，中央档案馆抄存件，段苏权工作处存档。

③《晋察冀来：与红军会师系平北部队》，中央档案馆馆藏，中 D 未 59 号 B 急。

④《晋察冀来：对苏军观感》，中央档案馆馆藏，中 C 未 38 号 B 急。

⑤《建党以来重要文献选编（1921—1949）》第 22 册，中央文献出版社，2011 年，第 665—666 页。

省会张家口有着重要意义。苏军驻扎张北及进攻狼窝沟一线，有力配合了八路军收复张家口。"随着张家口的解放，其周围10多座县城均被八路军乘胜收复，这便打破了国民党的计划，为八路军向东北挺进和建立东北根据地创造了有利条件……张家口是日军的防御重地，屯积着大量武器装备，八路军进城后接收的军用物资仓库就有60余处。这批物资大大改善了晋察冀和其他地区的八路军的武器装备。"①

其二，苏军移交城市政权的总体概况。

日寇投降前后，为限制共产党的行动，以蒋介石为首的国民政府，一是电邀毛泽东赴重庆共商国是，打出和谈的招牌；二是命令中共领导的人民军队不得擅自行动，并"利用日本军阻止共产党人"②；三是与苏联签订《中苏友好同盟条约》，获得接管东北的主动权。尤其是后两项，极大地限制了共产党对城市的接管。在晋察冀部队与苏军呈现大会师的局面下，党中央采取了针锋相对的措施。

---

① 孟宪章等主编：《苏联出兵中国东北》，中国大百科全书出版社，1995年，第224页。

② 哈里·杜鲁门著，李石译：《杜鲁门回忆录》第2卷，世界知识出版社，1965年，第71页。

首先，党中央发出《关于到苏联红军占领区建立地方政权和武装给晋冀察分局的指示》（1945 年 8 月 22 日），指出："分局应指示各区党委抽调大批干部，由一部武装掩护，到红军占领区去建立党的组织，建立地方政权，发动与组织群众，建立地方武装。在红军占领的城市中，亦应派干部去建立政权，组织群众，出版报纸。如果红军能允许我之武装部队进城，亦应派一部武装进驻。如果红军在政策上有所顾虑，须用很好的态度与他们商讨，并在红军所允许的范围之内进行工作。"① 该指示为晋察冀部队接管城市指明了工作方向。

其次，共产党干部通过与苏军协商，使苏军能够在表面维护《中苏友好同盟条约》的前提下，给八路军提供更多的支持与帮助。这一策略对晋察冀部队迅速打开东北工作局面十分有利。中国共产党之所以一开始在争夺东北问题上占据优势，与苏军的暗中帮助密不可分。在苏军准备撤军之前，"共产党军队不仅扼守住了通往东北的咽喉山海关，还一度据理力争占据了哈尔滨、长春、沈阳等大中小城市，出台了一系列城市接管与建设的

---

①《中国人民解放军历史资料丛书》编辑组编：《八路军文献》，解放军出版社，1994 年，第 1120 页。

政策"①。

最后，极力控制热、察两省，保障通往东北的交通要道。党中央先后发出《关于组织热察两区党委给晋察冀中央分局电》（1945年8月27日）和《关于迅速进入东北控制广大乡村和中小城市的指示》（1945年8月29日）。前者指示：要建立热河、察哈尔两区党委以巩固各项工作②。后者重点提出："热河、察哈尔两省，不在中苏条约范围之内，我必须完全控制，必须迅速派干部和部队到一切重要地区去工作，建立政权与地方武装，但亦不要希望红军给我以帮助，一切只要红军不坚决反对即应放手进行。"③

按照党中央的指示，在热河、察哈尔两省的苏军占领区，中国共产党迅速派干部及军队前往接管城市。冀热辽部队在向东北挺进过程中，或独立解放，或从苏军手中接管了热河省部分城市，其中一部"剑锋"直指东三省，如表2-1所示。

---

① 郎琦著:《中国共产党城市接管与建设工作研究（1945—1946）》，红旗出版社，2016年，第127页。

② 中共承德市委党史研究室编:《承德解放战争史料选》，人民日报出版社，1998年，第33页。

③《建党以来重要文献选编（1921—1949）》第22册，中央文献出版社，2011年，第666页。

表 2-1 大反攻阶段冀热辽军区接管城市并与苏军会师情况表

部队番号		接管城市	会师日期	依据史料
东路部队	16分区 12、18团	辽宁省绥中县、山海关市	8月30日（9月初进抵沈阳）	1.《聂荣臻回忆录》，解放军出版社1986年版，第603—604页。 2.李运昌等著：《雪野雄风》，白山出版社1988年版，第4—5页。 3.曾克林：《戎马生涯的回忆》，解放军出版社1992年版，第196—197页。 4.兰州军区党史资料征集办公室：《血沃中华》，兰州大学出版社1989年版，第207页。 5.关捷编：《中国人民奋起抗战》，社会科学文献出版社2006年版，第222页。
	卢抚昌联合县支队			
	朝鲜义勇军			
西路部队	14军分区 13、16团一部	热河省承德市及其所属部分县域	8月18日至26日	1.《聂荣臻回忆录》，解放军出版社1986年版，第603—604页。 2.李运昌等著：《雪野雄风》，白山出版社1988年版，第4—5页。 3.冀热辽人民抗日斗争史研究会编辑室：《冀热辽人民抗日斗争文献·回忆录（第二辑）》，天津人民出版社1987年版，第516—517、590页。 4.中共承德市委党史研究室著：《中国共产党承德历史（第1卷）》，中央文献出版社2006年版，第241页。
	北进（挺北）支队		8月18日	1.孟宪章等著：《苏联出兵中国东北》，中国大百科全书出版社1995年版，第225—226页。 2.《晋察冀抗日根据地》史料丛书编审委员会编：《晋察冀抗日根据地第3册（大事记）》，中共党史资料出版社1991年版，第290页。

续表

	部队番号	接管城市	会师日期	依据史料
中路部队	15军分区11、51团	热河省平泉县等部分县域	8月26日	1.《聂荣臻回忆录》，解放军出版社1986年版，第603—604页。 2.李运昌等著：《雪野雄风》，白山出版社1988年版，第4—5页。 3.《晋察冀抗日根据地》史料丛书编审委员会编：《晋察冀抗日根据地（第3册）大事记》，中共党史资料出版社1991年版，第287—288页。
	青平联合县支队		8月19日至20日	1.冀热辽人民抗日斗争史研究会编辑室：《冀热辽人民抗日斗争文献·回忆录（第二辑）》，天津人民出版社1987年版，第516—517页。 2.平泉县地方志编纂委员会：《平泉县志》，北京：作家出版社2000年版，第606页。 3.中共承德市委党史研究室著：《中国共产党承德历史（第1卷）》，中央文献出版社2006年版，第242页。

通过上表可见，冀热辽部队的西路与中路主要活动范围在热河省，东路部队在军分区司令员曾克林的率领下，突破山海关于1945年9月初进驻沈阳，组织了沈阳市卫戍区和市政府，开始了城市的接管与建设，迅速控制了局面。

在冀察军区所属地域，八路军干部经过与苏军反复洽谈，最终确定以张北为战略基地，平北、察北地委及军分区随即派干部、军队到冀察军区长城以北地区接管苏军占领的诸县城①，如表2-2所示。这一时期冀察军区从苏军手中接管了尚义、化德、多伦、商都等县城。

表 2-2　大反攻阶段冀察军区长城以北各县（除张北）接管情况表

冀察军区长城以北各县	光复（接管）日期	领导人	依据史料	备注
宝昌、沽源联合县	8月13日	郎宝信	1. 中共张家口市委党史研究室编：《中共张家口地方史》，中共党史出版社2001年版，第251页。 2. 中共河北省委组织部等：《中国共产党河北省组织史料（1922—1987）》，河北人民出版社1990年版，第85、138页。 3.《太仆寺旗志》，内蒙古文化出版社2000年版，第603页。 4.《战士·公仆·校长——纪念郎宝信同志诞辰100周年文集》，中国言实出版社2017年版，第140—165页。	八路军从日伪手中接管宝昌、沽源后，苏军抵达，并未从苏军手中接管县城。
康保	8月22日	吴广义郭廷麟	1. 中共张家口市委党史研究室编：《中共张家口地方史》，中共党史出版社2001年版，第420页。 2. 中共河北省委组织部等：《中国共产党河北省组织史料（1922—1987）》，河北人民出版社1990年版，第133—137页。 3.《康保县志》，新华出版社1991年版，第17页。 4. 张清亮：《察北烽火》，冀出内准字（2004）第AZ002号，第118—149页。	有苏军光复和八路军光复两种说法。

---

① 中共河北省委组织部、中共河北省委党史资料征集编审委员会、河北省档案局：《中国共产党河北省组织史料（1922—1987）》，河北人民出版社，1990年，第74—75、80—85页。

晋察冀边区城市接管与建设工作研究

冀察军区长城以北各县	光复（接管）日期	领导人	依据史料	备注
尚义	9月12日	刘雪申	1. 中共张家口市委党史研究室编：《中共张家口地方史》，中共党史出版社2001年版，第420页。 2. 中共河北省委组织部等：《中国共产党河北省组织史料（1922—1987）》，河北人民出版社1990年版，第83页。 3. 张清亮：《察北烽火》，冀出内准字（2004）第AZ002号，第118—149页。 4. 中共张家口地委党史办公室：《张家口地区党史资料选编》，1986年，第706页。	8月18日，当地八路军与苏军有过接触，但由于国民党军破坏，未接管县城。
崇礼	8月22日	王一心	1. 中共张家口市委党史研究室编：《中共张家口地方史》，中共党史出版社2001年版，第420页。 2. 中共河北省委组织部等：《中国共产党河北省组织史料（1922—1987）》，河北人民出版社1990年版，第84、137页。 3. 张清亮：《察北烽火》，冀出内准字（2004）第AZ002号，第118—149页。	
化德	8月底	郑文翰	1.《化德县志》，内蒙古文化出版社2006年版，第20页。 2. 张清亮：《察北烽火》，冀出内准字（2004）第AZ002号，第147页。 3.《化德文史资料》（第1辑），1999年，第73页。	
多伦	8月22日	商云飞	1.《多伦县志》，内蒙古文化出版社，2000年版，第29页。 2. 张清亮：《察北烽火》，冀出内准字（2004）第AZ002号，第148—149页。	

冀察军区长城以北各县	光复（接管）日期	领导人	依据史料	备注
商都	8月22日	杨植林 刘 苏	1.《晋察冀抗日根据地》史料丛书编审委员会编：《晋察冀抗日根据地（第2册）回忆录选编》，中共党史出版社1991年版，第448—449页。 2.张清亮：《察北烽火》，冀出内准字（2004）第AZ002号，第148页。 3.乔希章著：《华北烽火：八路军抗日战争纪实（下）》，中共党史出版社，2001年版，第731页。 4.《商都县志》，内蒙古文化出版社2007年版，第714页。	晋绥军区所属部队于19日进入商都并与苏军接触。

　　总体来看，在抗日战争大反攻阶段，经过共产党的努力争取，苏军将热河、察哈尔及辽宁西部所占领的大部分城市移交我方接管，"向北发展，向南防御"的战略雏形业已形成。随后，八路军、新四军及延安的大批党政干部迅速通过山海关、张家口、承德等地挺进东北，控制广大乡村和苏军未曾驻扎的中小城市，并积极派干部进入大城市开展工作，这一战略决策的实施奠定了解放战争胜利的部分基础。

其三，苏军移交城市政权管窥——以张北、承德为例。

抗日战争大反攻阶段，苏军将城市政权移交中共并非一帆风顺，也出现了许多波折，冀察军区与冀热辽军区在城市接管上面临的阻碍亦有不同。前者因会师较早，中苏军队在语言不通的情况下发生了一些"误会"①；后者除"误会"之外，还牵扯《中苏友好同盟条约》的限制。现择取张北、承德两座城市为例，管窥苏军移交城市政权的过程，以供参酌稽考。

苏军在冀察军区长城以北占据的几座县城中，张北是规模最大的城镇，也是察北的商业贸易中心，"工业比较发达。县城里除面粉、印刷、榨油、酿酒、木器、铁器、建筑等手工业外，还有敌伪设立的比较近代化的邮电局、电器公司、汽车公司、亚麻工厂、牧业试验场等"②。1945 年 8 月 15 日，苏军解放张北城，察蒙支队奉命前往与苏军会师并接管县城。但是，由于双方没有配备翻译人员，城市接管一度陷入僵局。据载，支队主力

---

① 指苏军对八路军缴械。这种"误会"在冀察、冀热辽地区均存在。

② 张北县政协文史资料委员会编：《张北抗日文史资料——纪念抗日战争胜利七十周年》，张北县政协，2015 年，第 143 页。

向张北进发时，"派出一个连由指导员杨德兴带队，由二台附近出发，先去与苏军联络。不料，先遣连因无翻译，又因该部苏军进至化德时曾遭冒充八路军的伪军袭击，对联络人员不信任，故收缴了先遣连的武器。因此，主力部队行至张北城东30里一带原地待命，由柴书林、吴广义率一个班并带电台直接去苏军处谈判。当柴、吴到了张北城北门与苏军的'城防司令'见面时，苏军不仅不跟谈判，照样缴了他们的枪、马和电台。经反复交涉，才同意见其上司面谈"①。15日中午在苏军野营地，双方商妥分别向各自中央报告，如无误可将县城交察蒙支队接管。16日中午，苏军承认察蒙支队为八路军，并将县城移交我方接管。察蒙军政人员当日入城接收，召开群众大会，宣布日本投降的消息，宣传党的政策，安定了民心。

与张北的"误会"相比，热河省会承德的接管要更为复杂。苏联方面认为，热河省属伪满洲国，系"东北四省"②之一。因受《中苏友好同盟条约》的限制，苏军

---

① 张北县档案史志局编著:《中共张北县地方史（1931—1949）》第1卷，中共党史出版社，2011年，第54—55页。

② 1931年东三省落入日寇手中，1933年日寇又夺取了热河省。奉天（辽宁）、吉林、黑龙江、热河均被划入伪满洲国范围，即所谓"东北四省"。

明令禁止中共在承德周围 25 里以内驻扎军队、上街搞宣传活动，更不准建立党的民主政权，甚至还一度要求已进入承德市区的八路军退出①。相反，苏军在承德"却允许保留了伪政权的变种——维持会。原伪省长、伪街长、伪县长以及伪村长等纷纷改头换面成了各级维持会的会长，打着拥护苏军，维持地方社会治安的幌子，继续为非作歹，欺压群众。他们甚至公然张贴布告，宣称一切要经过伪省长处理，等待国民党政府来接管"②。因而中共在承德的接管工作一度陷入困境。

党中央、晋察冀对承德及整个热河的事态极为重视，一方面与苏方进行有理有据的交涉，指出抗战爆发后八路军即在该地活动并建有根据地，应允许八路军仍停留原地开展工作，经过反复谈判，最终得到苏军承认。另一方面从延安、晋察冀相继派出一大批党政军干部到热河工作，开展建党建政活动，进行社会改革。随着承德市各级党、政、军机构建立，各项工作有了组织保证，市县的接管工作也迅速展开。

① 中共承德市委党史研究室著：《中国共产党承德历史》第 1 卷，中央文献出版社，2006 年，第 249 页。
② 中共承德市委党史研究室著：《中国共产党承德历史》第 1 卷，中央文献出版社，2006 年，第 249 页。

总之，张北、承德等城市的前期接管或多或少发生了一些摩擦和不愉快的事情。中国共产党人通过从苏军手中接管城市政权，也积累了一些外交经验，这对中共干部亦是一种历练。

（三）运用党的政策威力从日伪手中接管

1944年，晋察冀边区加强了对伪军伪组织的争取与瓦解工作，相继发出《关于开展对敌伪军新的政治攻势的指示》《关于对伪军工作的指示》《关于秋季对敌政治攻势的指示》等①。"一方面结合反法西斯战争日益胜利的国际形势，大力加强政治攻势；一方面利用伪军伪组织关系，配合武装部队，里应外合，大量夺取敌人的据点、城镇，或争取伪军起义。"②在党的领导下，边区各地敌伪军瓦解工作取得重要进展，加上抗战胜利已是大势所趋，伪军伪组织日益动摇，不断逃亡或反正。1944年4月，驻任丘县城的日军大队调走，冀中第9军分区敌工部接到情报后，利用内线关系与伪军谈判，最终迫使伪

---

①《晋察冀抗日根据地》史料丛书编审委员会、中央档案馆编：《晋察冀抗日根据地（第1册）文献选编》上，中共党史资料出版社，1989年，第919—921、924—927、939—942页。

②谢忠厚、肖银成主编：《晋察冀抗日根据地史》，改革出版社，1992年，第562页。

军全部反正，任丘县城第一次解放①。但是，由于日寇的报复，抗战后期一些从伪军手中接管的县城未能长期驻守，任丘城亦于 10 天后再次陷落，但地方党组织积累了接管县城的经验教训，为大反攻阶段从日伪手中长期接管城市提供了借鉴方法。

1945 年解放区经历了全党整风和大生产运动，从精神和物质上取得了巨大胜利，渡过了困难局面。在党的七大路线指引下，晋察冀军民于 1945 年 5 月发动了大规模的夏季攻势，在人民军队的有力打击下，敌伪军大都龟缩在县城以内，最多只敢在离县城 5 公里以内的范围活动，彻底扭转了日伪疯狂扫荡根据地的被动局面。在抗日战争大反攻阶段，由于国民党的防共政策，日寇在宣布无条件投降后并未真正放下武器，共产党领导的人民军队与日伪军之间的城池争夺持续了很长一段时间。因而和平接管被日伪军盘踞的城市并不是很多，但坝上重镇宝源县（宝昌城）光复是一个典型。1945 年 8 月 13 日，平北沽源县县委书记郎宝信率一支不足百人的八路军地方武装，依靠党的政策威力瓦解敌人，光复了宝源

---

① 中共任丘市委党史研究室：《中共任丘市党史大事记》，沧出准字第 105 号，1991 年，第 50—51 页。

县城，迫使日伪军千余人缴械投降①，开创了和平接管县城的先例，这在晋察冀抗战史上十分罕见。八路军究竟靠什么来迫使一千多全副武装的伪军骑兵向我无条件投降的呢？

第一，从战略形势上讲，党的七大后的夏季攻势、苏联对日作战、毛主席《对日寇的最后一战》的重要声明、朱总司令的大反攻命令，等等，无一不从战略上对日伪形成雷霆万钧、摧枯拉朽的压倒优势，从精神上压倒了朝不保夕的敌人。所以当沽源县八路军兵临宝昌城下，敌人便慌作一团。八路军因势利导，敌人选择缴械投降。

第二，从方法策略上讲，坚决执行党的政策，努力发挥党的政策威力。沽源县委通过发放传单开展政治攻势，既向群众宣传日寇即将投降的大局势，又不失时机地瓦解敌人。这样就保存了革命力量，化解了危险，是"不战而屈人之兵"的上策。同时，对敌伪官员，八路军利用其在伪军中的影响，给以适当的安排使用，从而使收降、改编、改造伪军的工作得以顺利进行。

---

① 郎宝信：《解放坝上重镇宝源县的经过》，载张家口察哈尔文化研究会编：《战士·公仆·校长——纪念郎宝信同志诞辰100周年文集》，中国言实出版社，2017年，第140—154页。

第三，从具体措施上讲，经沽源县委研究决定：一是让伪军驻扎城外，先上缴武器，再赤手受降，防止发生哗变；二是对伪军实行"挖墙脚""掺沙子"，先使伪军官与原部队脱钩，再训练、提拔伪军内成分好、思想单纯的士兵担任新军官，最后大量吸收翻身农民加入部队，改变伪军结构；三是对敌伪人员进行集中整训，用党的理论、政策武装"解放战士"头脑。这些措施无一不是顺利接管宝源县城的良策。

宝昌城的和平接管带有一定的偶然性。"1945 年 8 月苏联红军是经正兰旗、宝昌、沽源间（黑山庙、中河）夺下张北，未进宝昌"①，但宝昌周边各县大都被苏军解放，伪县区间没有了军事联系，这无疑给八路军光复宝昌城提供了便利。另外，是时伪军已开出城外，我军顺势先占领县城，再利用过去的内线关系进行游说，占尽了天时地利人和。

宝昌城"在察北说来，是仅次于张北、商都的一个大县……解放后的宝昌城，到处洋溢着自由民主的气氛。在群众大会上，翻了身的劳动人民，大胆地诉说着十年

---

① 段苏权：《故文辑存》，中国文史出版社，1998 年，第 781 页。

来所受的苦痛，叙述着今天获得解放后的幸福"①。宝昌城在接管过程中虽取得一定成就，但也存在一些问题，那就是干部不习惯由农村到城市的这一转变。《晋察冀日报》记者秋浦在《宝昌沽源解放前后》中讲道："解放一个半月的宝源，到处呈现着一种新的气象，各方面正飞速的在进步中，但是缺点仍然是存在着的。这就是在我们有些干部中，还不习惯于由乡村到城市这一转变，许多工作方式仍然是手工业式的，这些都必须在今后的实际工作中加以纠正的。"②可见，党的工作重心转移过程中的干部思想转变问题，在1945年已经显现出来。

二、晋察冀部队在东北的城市接管

1931年日军侵占了中国东北，中国共产党时刻不忘收复东北失地，不仅直接领导了东北抗联的抗日斗争（抗联一度因斗争环境恶劣与党中央失联），还指示以晋察冀根据地为基础向东北发展。"1942年初，中央从各地抽调40多名东北籍干部，经中央党校培训后，分配

---

① 晋察冀日报史研究会编：《〈晋察冀日报〉通讯全集（1938—1948）》1945年卷下，中共党史出版社，2012年，第929页。

② 晋察冀日报史研究会编：《〈晋察冀日报〉通讯全集（1938—1948）》1945年卷下，中共党史出版社，2012年，第930页。

到晋察冀边区工作。同年8月中旬，中共中央北方分局成立东北工作委员会（简称分局东工委）"①，主要任务是"打破长城封锁线，牵制敌人，向东北开展工作，配合反攻"②。9月下旬，"冀东东北工作委员会成立……主要任务是组织力量秘密开辟东北"③。晋察冀边区还成立了东北救亡总会，负责东北的情报工作④。据《中共中央北方分局关于东北工作情况的摘要总结报告》记载，截至1943年3月底，共训练东北工作干部48人，并先后派出37人到沈阳、哈尔滨、长春、吉林、齐齐哈尔、抚顺、鞍山、营口、承德等地工作⑤，初步打下了党在东北开展城市秘密工作的基础。

除开展派遣和情报工作外，晋察冀边区还组织大批党政军干部赴热河、辽宁两省开辟抗日根据地，积极向

---

① 谢忠厚、肖银成主编：《晋察冀抗日根据地史》，改革出版社，1992年，第552页。

② 中共建昌县委党史工作办公室编：《凌河春秋：建昌党史名人革命回忆录专集》，1989年，第322页。

③ 邓一民主编：《热河革命史大事记（1919—1955）》，文化艺术出版社，1988年，第112页。

④ 中共哈尔滨市委党史研究室编著：《中国共产党哈尔滨历史》第1卷，黑龙江人民出版社，2001年，第477页。

⑤《晋察冀抗日根据地》史料丛书审委会、中央档案馆编：《晋察冀抗日根据地（第1册）文献选编下》，中共党史资料出版社，1989年，第849—850页。

东北地区拓展。1944年冀热辽军区成立，这是晋察冀军区下辖的二级军区，主要任务是开辟东北根据地。同时，中共中央晋察冀分局作出《关于东北工作的指示》，强调："进行东北工作是边区全党的任务，全党必须进行这一工作。应当把东北工作提到城市工作同等地位上来。"[1]1945年，晋察冀边区加紧收复东北的作战准备。4月13日，中共中央晋察冀分局在《关于苏日中立条约废除后边区形势及工作的意见》中指出："配合苏联，收复东北，我晋察冀地区应负主要责任。"[2]

在党的七大上，毛泽东讲道："东北是一个极其重要的区域，将来有可能在我们的领导下。如果东北能在我们领导之下，那对中国革命有什么意义呢？我看可以这样说，我们的胜利就有了基础，也就是说确定了我们的胜利……如果我们有了东北，大城市和根据地打成一片，那末，我们在全国的胜利，就有了巩固的基础了。"[3]可见，建立东北根据地是党的七大提出的战略任务之一。

---

① 中共河北省委党史研究室编：《长城线上千里无人区》第2卷，中央编译出版社，2005年，第28页。

②《晋察冀抗日根据地》史料丛书编审委员会、中央档案馆编：《晋察冀抗日根据地（第1册）文献选编下》，中共党史资料出版社，1989年，第998页。

③《毛泽东文集》第3卷，人民出版社，1996年，第410—411页。

根据党中央的指示和晋察冀分局的部署，冀热辽军区开始了大规模向东北挺进的军事行动，向北越过长城坚持抗日斗争，建立根据地，最终实现与苏军胜利会师。抗战胜利前后，华北大部分地区成为解放区，如果夺取了东北，就能够改变解放区被敌长期包围的状态，形成一个巩固的战略后方①。加之东北幅员辽阔，交通便利，工业发达，物资雄厚。东北谁属？关系全局。国共必有一番激烈争夺。

1945 年 8 月 11 日，朱总司令发布的第 2 号大反攻命令全部指向东北②，又发内部电文要求冀热辽军区部队向东北挺进，接收城镇和交通要道③。翌日，中共中央晋察冀分局发出《关于调派干部去东北工作的通知》，指出："冀热辽亦应大量调剂东北。"④ 随后，"冀热辽区党委、冀热辽军区在丰润县大旺庄召开紧急会议，制定执

---

① 王宗荣著：《全国解放战争史专题》，大象出版社，2006 年，第 41 页。

② 《延安总部命令各路解放军向辽吉热察绥等地挺进》，《解放日报》，1945 年 8 月 12 日，第 1 版。

③ 金蕴芳等：《抗日战争胜利后在东北问题上三国四方的关系和斗争》，载《中共党史资料》第 28 辑，中共党史资料出版社，1988 年，第 161 页。

④ 《晋察冀抗日根据地》史料丛书编审委员会、中央档案馆编：《晋察冀抗日根据地（第 1 册）文献选编下》，中共党史资料出版社，1989 年，第 1049 页。

行第二号命令方案。决定成立'东进工作委员会'和'东进指挥部'"①，率冀热辽子弟兵和朝鲜义勇军共1.3万人，以及四个地委书记，2500多名地方干部②，兵分三路向热河、辽宁、吉林进军，配合苏军作战，收复东北失地，解放、接管了热河各大中城市及山海关、锦州等地③。日寇宣布无条件投降后，热、察两省大部被我军占领，从而打通了延安通往东北的道路。为此，党中央颁布了《关于迅速进入东北控制广大乡村和中小城市的指示》（1945年8月29日），指出："晋察冀和山东准备派到东三省的干部和部队，应迅速出发，部队可用东北军及义勇军等名义，只要红军不坚决反对，我们即可非正式的进入东三省。不要声张，不要在报上发。"④冀热辽军区坚决执行中央指示，东路部队一路单刀直入，在山海关乘火车沿北宁铁路向东北进军，每到一站都留下部分兵力协同地方干部进行接管工作。该部于9月5日抵达

---

① 邓一民主编：《热河革命史大事记（1919—1955）》，文化艺术出版社，1988年，第144页。

② 岳思平著：《八路军战史》，解放军出版社，2011年，第460—461页。

③ 谢忠厚、肖银成主编：《晋察冀抗日根据地史》，改革出版社，1992年，第583页。

④《建党以来重要文献选编（1921—1949）》第22册，中央文献出版社，2011年，第665页。

被苏军解放的沈阳，经过反复交涉和据理力争，冀热辽部队赢得了苏军的信任，在沈阳站稳了脚跟并与东北抗联取得联系。

9月14日，冀热辽军区首长曾克林及苏军普罗索夫中校乘坐专机飞抵延安。当天下午中央政治局听取了曾克林的汇报并与苏军中校谈判。双方实质上达成了默契：苏军允许中共军队进入东北，但不能以八路军的名义出现，也不能在苏占区或大城市公开活动。中央领导当即电告在重庆的毛泽东、周恩来①，并发布了《中共中央关于配备一百个团的干部进入东北的指示》（1945年9月15日）②。9月17日，中共中央发出《关于确定向北推进向南防御的战略方针致中共赴渝谈判代表团电》③。9月19日，代表团复电："完全同意筱电所提战略部署。"④至此，党中央明确作出"向北发展，向南防御"⑤的战略部

---

① 王宗荣著：《全国解放战争史专题》，大象出版社，2006年，第44页。

②《建党以来重要文献选编（1921—1949）》第22册，中央文献出版社，2011年，第681页。

③《建党以来重要文献选编（1921—1949）》第22册，中央文献出版社，2011年，第682—683页。

④《建党以来重要文献选编（1921—1949）》第22册，中央文献出版社，2011年，第683—684页。

⑤《刘少奇选集》上卷，人民出版社，1981年，第372页。

署，这是抗战胜利后中国共产党的一项重大决策，是克敌制胜的重要一环。晋察冀部队积极挺进东北，为党中央制定战略决策提供了第一手材料，功不可没。

中共中央东北局在沈阳成立后，在党中央"让开大道、占领两厢"方针指引下，冀热辽部队迅速展开了接管东北中小城市并建立人民政权的工作。"计有辽宁省行署、沈阳市政府、辽西专署、辽北专署、通化专署，锦州、阜新、鞍山、抚顺、本溪、辽阳、营口、安东（今丹东）、四平等市政府。"① 该部后与延安、晋西北、山东、晋冀鲁豫等解放区抽调的 10 万大军和 2 万干部全面会师，城市接管及相关革命工作如火如荼地开展起来。晋察冀边区作为挺进东北的前沿阵地，其向东北的胜利进军，不仅对收复东北失地、建立巩固的东北解放区作出了重要贡献，还对尔后的解放战争具有深远影响。

三、抗战胜利后城市军管初步实施

1945 年 8 月 10 日，中央军委下达大反攻的命令后，聂荣臻即日从延安向晋察冀发电，传达中央军委的作战

---

① 谢忠厚、肖银成主编：《晋察冀抗日根据地史》，改革出版社，1992 年，第 583 页。

意图："命令晋察冀军区部队立即向北平、天津、保定、石家庄、大同、张家口、山海关等地前进，挺进辽宁，进逼太原，并以边区政府名义委任上述各市市长。"[1] 同时，晋察冀边区对域内四个二级军区的大反攻作了详细部署[2]（见表2-3）。

表2-3　晋察冀军区在抗日大反攻阶段的军事部署

二级军区	主要任务	夺取城市
冀晋军区	主要夺取大同、丰镇、集宁、商都等城，其次夺取保定、石家庄，并以一部兵力策应友区夺取太原	占领丰镇、集宁、商都等，并收复曲阳、浑源等城
冀察军区	以主力夺取宣化、张家口、张北、多伦、沽源、康保、宝昌等城	夺取宣化、张家口，接管察北诸县城
冀中军区	集中力量夺取北平，并以一部兵力配合冀热辽军区夺取天津	占领北平外围多处据点，收复博野、安国等县城
冀热辽军区	主要夺取塘沽、天津，并肃清境内伪军，夺取秦皇岛、葫芦岛	占领山海关及热河、河北诸多城市

通过上表可见，晋察冀军区在抗日大反攻中夺取的城市与主要任务有一定差距，北平、天津等被晋察冀边区包围的大城市未能由八路军光复，主要原因是日伪军

---

① 谢忠厚、肖银成主编：《晋察冀抗日根据地史》，改革出版社，1992年，第571页。
② 谢忠厚、肖银成主编：《晋察冀抗日根据地史》，改革出版社，1992年，第571—579页。

和国民党军的阻挠。解放城市中有两座省会，即张家口和承德，其余均为县城。承德由苏军解放，八路军干部协助苏军维持社会秩序并与敌伪的"维持会"进行斗争，为城市政权接管工作和清算、减租减息等奠定了一些基础①，但并未明确宣布对市区进行军事管制。在张北，苏军负责城防，八路军察蒙支队协助党政机关进行清查敌伪物资，整顿市容，依法逮捕汉奸等工作，并开展了大规模的剿匪斗争②。坝上重镇宝源县由县大队负责城防，苏军作为预备队③。在此基础上，"首先建立区委和区政府……全县共划十个区，从各区的组织机构到人员的配备都比较完备"④。这些城市的初期接管均带有军管的性质，而直接宣布对城市进行军事管制的市镇中，张家口是较为典型的一例。

张家口光复初期，敌特之零散武装不断鸣枪肆扰，

①中共承德市委党史研究室著：《中国共产党承德历史》第1卷，中央文献出版社，2006年，第254—255页。

②张北县政协文史资料委员会编：《张北文史资料》第九辑，张北县政协，2009年，第249页。

③郎宝信：《晋察冀宝源县解放初期的政治风云》，载张家口察哈尔文化研究会编：《战士·公仆·校长——纪念郎宝信同志诞辰100周年文集》，中国言实出版社，2017年，第157—163页。

④中共张家口地委党史办公室编：《张家口地区党史资料选编》第三集，1986年，第104页。

纵火破坏，制造谣言，打劫敲榨。工商各界全部关门，学校停散，失业工人及贫苦难民徘徊街头，人心惶惶不可终日。对此，"首要的紧急措施就是布告安民，宣布各项政策，并由卫戍司令部实施军事管制"[1]。9月，"为加强张市军事管理，晋察冀军区决定：张家口市卫戍司令部政治部由晋察冀军区司令部政治部直接领导"[2]。张家口军管期间的关键问题（对比"沈阳经验"）如表2-4[3]所示：

表2-4　张家口军管、"沈阳经验"所涉及的关键问题

序号	类别	张家口军管（1945.8—1945.12）	沈阳经验（1948.11）
1	市政	立即派专人接管电灯、电话、自来水各公司，管理敌之仓库，监督修理桥梁，管理交通，扑灭各处燃烧之大火，清除各地之军火弹药，爆炸物	准备相当数量的技术骨干，尽快恢复城市电力供应
2	经济	取消敌伪之经济统制政策，宣布贸易自由，明令废除苛捐杂税	平抑物价，稳定市场，迅速解决金融物价问题

①《张家口的市政建设——杨春甫在张家口市首届参议会上的市政工作报告（摘要）》，载中共河北省委党史研究室编：《晋察冀解放区首府张家口》，中共党史出版社，1996年，第203页。

②《加强张市军政领导》，《晋察冀日报》1945年9月26日，第1版。

③ 根据《建党以来重要文献选编（1921—1949）》第25册（中央文献出版社，2011年，第702—706页）；《张家口的市政建设——杨春甫在张家口市首届参议会上的市政工作报告（摘要）》（载中共河北省委党史研究室编：《晋察冀解放区首府张家口》，中共党史出版社，1996年，第202—204页）制定。

续表

序号	类别	张家口军管（1945.8—1945.12）	沈阳经验（1948.11）
3	敌伪	解除“警防团”、铁路局警卫队及德王遗留亲卫队的武装	敌警察在被收缴枪支后经短期受训，让其徒手服务
4	宣传	对不遵守革命秩序之市民施以劝导，令其遵守秩序，对破坏打劫敲榨之奸伪、特务、破坏分子施以镇压	尽快出版报纸，宣传政策，传播新闻，以稳定人心
5	工资	对职工发给双薪。普遍地救济灾难民，拨发大批粮食及生活物品	妥善解决工资问题，在条件不具备时应发生活维持费

众所周知，1948 年 11 月，陈云《接收沈阳的经验》上报党中央。中央批复认为：接收沈阳经验甚好，提议各区要有专门接收大城市的班子，并望以后将城市接管的经验，继续总结电告中央[①]。“沈阳经验”[②]自此成为中共接管各大中小城市的正式规章制度，有效地运用于解放战争后期的城市接管当中。但通过上表可见，“沈阳经验”的雏形在 1945 年已显露端倪。1948 年沈阳军事管制所涉及的关键问题在 1945 年的张家口已经有了雏

①《建党以来重要文献选编（1921—1949）》第 25 册，中央文献出版社，2011 年，第 701 页。

② 核心内容为采取“各按系统、自上而下、原封不动、先接后分”的方法，在军事管制下进行接收，涉及市政、经济、敌伪、宣传、工资等五项关键问题。

形。1945年张家口采取的一系列军事管制办法与"沈阳经验"如出一辙。"沈阳经验"必然是吸收了前期东北一些城市的接管经验，与张家口的接管是否存在理论渊源，尚不得而知。但张家口实施军管的成效显著，各工厂迅速复工，中小学开学，城市秩序很快稳定并步入正轨①。

在军事管制下，张家口成为抗战胜利初期的基本战略根据地。1945年9月，刘少奇发表《目前任务和战略部署》，指出："晋察冀（除冀东外）和晋绥两区以现有力量对付傅作义、马占山向察哈尔张家口之进攻及将来胡宗南由北平向张家口之可能的进攻，坚决打击傅、马及其他进攻之顽军，完全保障察哈尔全境、绥远大部、山西北部及河北一部，使之成为以张家口为中心的基本战略根据地之一。"② 可见，张家口已成为联结西北、华北和东北的重要战略走廊。抗战胜利初期，延安的大批干部和文艺工作者经张家口前往东北开辟根据地，对解放战争局势产生了深远影响。1946年1月解除军管后，张家口成为人民群众安居乐业的"净土"，华北地区流传着

① 《张家口军管各工厂正式复工积极增产 中小学已开学筹备成立学联》，《解放日报》1945年9月16日，第1版。
② 《刘少奇选集》上卷，人民出版社，1981年，第371页。

"天下人心归张垣"①的说法。

与此同时，城市的公安工作有力配合了军事管制。张家口光复第三天，以晋察冀中央局社会部为基础，市公安局以惊人的效率组建完毕并投入工作。逮捕、镇压汉奸特务，清查日伪物资，收缴武器并建立基层治安组织和各种治安规则。"在很短的时间内，踏出了一条管理城市治安的新路子……成为城市公安工作建设的雏形，为以后解放石家庄、天津、北平等城市，开展公安保卫工作提供了宝贵的经验，打下了一定的基础。"②

综上所述，晋察冀边区是对日反攻的前沿阵地，在抗战胜利前后收复、接管了张家口、宣化、山海关、承德等几十座城市，解放了河北大部、山西北部、绥远东部、辽宁西部和察哈尔、热河两省的全境。尤其是由中国共产党"控制察哈尔、热河两个完整的省份，在中国新民主主义革命史上还是第一次"③。1945年9月14日，晋察冀边区党政军民领导机关均从农村迁到张家口市，

<hr />

① 《河北省志·共产党志》，中央文献出版社，1999年，第149页。

② 马文锦主编：《张家口市公安史资料》，张出准字（内）第0000229号，1990年，第193—219页。

③ 谢忠厚、肖银成主编：《晋察冀抗日根据地史》，改革出版社，1992年，第584页。

该市成为边区首府，形成了以张家口为中心，纵横千里的基本战略区。此后，晋察冀边区开展了大规模的城市建设工作，新民主主义试验田成功播撒，"农村包围城市"革命道路的最终胜利成为必然。张家口作为晋察冀边区首府期间（1945.8—1946.10），共产党人在这里已经初步学会了如何管理与建设城市，成就了"和平民主繁荣的张垣。"①

---

① 《和平民主繁荣的张垣》，《新华日报》1946年9月11日，第3版。

第三章
争取和平民主时期晋察冀边区的城市建设

　　从抗战胜利到翌年 11 月"国民大会"召开，这期间共产党与国民党进行着艰苦的谈判。周恩来在《一年来的谈判及前途》（1946 年 12 月）中指出，国共谈判分三个阶段："从去年 8 月 25 日党中央发表宣言、毛泽东同志去重庆直到年底，这是第一个阶段；第二阶段从政协到六月休战；第三阶段从七月大打到现在。"① 争取和平民主时期指前两个阶段，第三阶段是"要完成教育人民的一课"②。党的政策方针随着三个阶段的发展而变化。第二阶段属于相对和平的阶段，国共双方签署了停战令、政协决议、整军协议、东北停战协议等文件，"战争在全国范围的确是停止了一个时期，给中国人民一个希望"③。党在第二阶段进一步加强了城市建设，且大都在"和平

---

① 《周恩来选集》上卷，人民出版社，1980 年，第 251 页。
② 《周恩来选集》上卷，人民出版社，1980 年，第 251 页。
③ 《周恩来选集》上卷，人民出版社，1980 年，第 255 页。

民主新阶段"口号下开展。"和平民主新阶段"客观上使党在城市建设上放开了手脚，也是解放战争初期军事上"拳头不硬"的重要因素，但这足以说明共产党的和平诚意。作为"和谈"的窗口城市，晋察冀边区首府张家口严格执行了《中共中央关于目前形势与任务的指示》（即"二一指示"）。"对于张家口，共产党是用心经营的。"①包括承德、赤峰以及边区其他一些县城也是同样。争取和平民主阶段，晋察冀边区城市建设取得重大成绩，也积累了经验教训，是党的城市建设的重要起源地。

一、和平民主新阶段的影响

1946年上半年，共产党对所占领的城市开展了大规模的工商业建设及社会改造。"和平民主新阶段"的提出，既符合人民意愿，也为共产党管理和建设城市提供了契机。不过，"共产党显然对中央军队1946年的攻势估计不足"②。"和平民主新阶段"党的政策很快得到调

①（美）胡素珊（Suzanne Pepper）著，启蒙编译所译：《中国的内战：1945—1949年的政治斗争》，当代中国出版社，2014年，第306页。

②（美）胡素珊（Suzanne Pepper）著，启蒙编译所译：《中国的内战：1945—1949年的政治斗争》，当代中国出版社，2014年，第306页。

整。"从维护和平到准备战争，中共中央领导人经历了一个曲折的思想转变过程。中共的和平诚意和实际行动赢得了人民的拥护，为解放战争的胜利奠定了基础。"[1]晋察冀同样经历了这样的转变过程，但在维护和平期间出台的城市政策，构成了中国共产党管理与建设城市的基本经验。

（一）"和平民主新阶段"的提出

"和平民主新阶段"是抗战胜利后，党对时局的一种估计，也是中共中央力争实现的一种局面。"和平民主新阶段"的提出符合历史发展的规律，也是共产党人应人民意愿和呼声而提出的具有战略意义的口号，还是"一个有助于革命胜利发展的革命口号"[2]。

其一，中共在抗战胜利前后的和平民主政策。

"和平民主新阶段"的提出源自抗战时期党的和平民主政策。1943 年 1 月 25 日，毛泽东致电彭德怀《争取在抗战胜利后与国民党建立和平局面》中指出："蒋在抗战中有功劳，同时人民心理厌恶内战，故我们应争取

---

① 刘统：《"和平民主新阶段"研究》，《党的文献》2002 年第 4 期，第 41 页。

② 李安增：《"和平民主新阶段"口号之我见》，《齐鲁学刊》1990 年第 4 期，第 53—56 页。

在抗战后与国民党建立和平局面,在民主、民生上做文章。"同时毛泽东提出"精兵简政"的缘由之一是"既不准备打内战,无须多兵,兵少又可减轻国民党的畏惧心理,求得和平,以待全国人民的觉悟"①。

在党的七大上,毛泽东指出在打败日寇后,"中国急需要把各党各派和无党无派的代表人物团结在一起,成立民主的临时的联合政府,以便实行民主的改革……然后,需要在广泛的民主基础上,召开国民代表大会,成立包括更广大范围的各党各派和无党无派代表人物在内的同样是联合性质的民主的正式的政府,领导解放后的全国人民,将中国建设成为一个独立、自由、民主、统一和富强的新国家"②。由此,毛泽东认为,建设新国家可以通过非战争的手段,以和平民主的方式组建联合政府。党的七大结论中,毛泽东又形象地阐述道:"成立联合政府有没有希望?我们要尽量争取。将来如果能成立解放区人民联合会,还是要打电报请他们组织联合政府。我们总是请,但他总是不出来,就像新媳妇一样不肯上轿。

---

① 《毛泽东文集》第 3 卷,人民出版社,1996 年,第 1 页。
② 《毛泽东选集》第 3 卷,人民出版社,1991 年,第 1029—1030 页。

那怎么办呢？你不出来我们就请，你还不出来我们就再请，在没有全面破裂以前我们还是要请，明天早晨破裂，今天晚上我们也还要请。"①

可见，建立民主联合政府首先是和平，其次是民主。和平是民主的前提，民主是和平的保障，互为条件。这一思想是"和平民主新阶段"的雏形，也是共产党人在抗战胜利前对新中国美好未来的勾勒。当然，《论联合政府》的实践过程有和平和战争两种情况。毛泽东一方面要求国民党成立联合政府以阻止内战，另一方面要求共产党人建立东北根据地以准备内战，辩证把握了社会历史发展的趋势。

日寇投降后，毛泽东在《抗日战争胜利后的新形势和新任务》（1945年8月23日）中指出："现在的情况是，我国抗日战争阶段已经结束，进入了和平建设阶段。全世界包括欧洲、东方，都进入了和平建设的阶段。第三次世界大战目前不会爆发是肯定的。我们可能在两种情况下进入和平建设阶段，一种是可以得到一部分大城市，一种是得不到。现在是得不到了。我们曾力争在进

---

① 《毛泽东文集》第3卷，人民出版社，1996年，第414页。

入和平阶段前进入若干大城市，如北平、天津、太原，没有成功。"①可见，毛泽东对抗战胜利后的全国形势作出了预见：无论是否占领大城市，和平建设阶段已经到来，这也是全国人民、世界人民的广大意愿。

1945年8月28日，延安《解放日报》发表社论《新时期的路标》，提出"和平建设的新时期"②。该社论阐述了中国实现和平过渡的可能性，指出目前正处在从战争到和平的过渡时期，反动派的内战阴谋可能被挫败。社论最后发表了热情洋溢的宣言："正如在抗战、团结、进步的口号下，中国人民赢得了战争一样，在和平、民主、团结的口号下，中国人民将赢得和平。和平建设的新时期开始了！让我们在中共中央这个有历史意义的宣言周围，为坚持和平、民主、团结，为独立自由与富强的新中国而奋斗吧！中国人民将赢得这样的新中国！"③不难发现，这篇社论的主要政治倾向是"争取和平"，这是党在新的历史时期的战略方针。当时美国、苏联都不

---

①《毛泽东文集》第4卷，人民出版社，1996年，第4页。
②中共重庆市委党史工作委员会等编：《重庆谈判纪实》，重庆出版社，1983年，第7页。
③中共重庆市委党史工作委员会等编：《重庆谈判纪实》，重庆出版社，1983年，第9页。

愿意中国继续内战而出面干预，党中央也曾设想通过长期的和平政治争取，以"选票进城"等手段最后获得全国胜利。况且 1946 年上半年中国确实出现和平局面，因此党中央提出了"和平民主新阶段"。

其二，"和平民主新阶段"的提出过程。

1945 年 12 月，马歇尔到中国参与调停国共冲突。12 月 27 日，共产党代表团向国民政府提出立即无条件停战。双方经过谈判，翌年 1 月 5 日达成协议，7 日在重庆组成"三人委员会"，成员为国民党代表张群（后为张治中）、共产党代表周恩来和美国总统特使马歇尔，该会负责调处国共军事冲突，下设若干执行小组，分赴各冲突地点进行调处[①]。此时，党中央根据广大人民的意愿和呼声，根据国际国内的形势，适时提出了"和平民主新阶段"。

"和平民主新阶段"作为一个完整的口号，最早出现在 1946 年 1 月 10 日毛泽东发布的停战令中，内述："中国和平民主新阶段，即将从此开始。"[②] 但争取实现全国

[①] （美）马歇尔著，中国社会科学院近代史研究所翻译室译：《国共内战与中美关系：马歇尔使华秘密报告》，华文出版社，2012 年，第 73—76 页。

[②] 中共武汉市委党史研究室、武汉市新四军历史研究会编：《新四军与武汉》，武汉出版社，2003 年，第 269 页。

和平民主局面的思想，早在党的七大上就已经提出来了。日寇投降不久，中共中央对各战略区的指示、毛泽东给华中局的指示，都指出和平建设阶段开始[1]。重庆谈判期间，毛泽东在对新闻记者谈话中讲道："中国即将进入和平建设时期，当前时机极为重要。"[2] "对于中国最重要的事情是和平。"[3] "今后当为和平发展、和平建国的新时代，必须团结统一，坚决避免内战，除此方针之外，其他任何方针均属错误。"[4] 可见，"和平民主新阶段"有一个完整的发展过程。

停战令发出后，《解放日报》发表重要社论《和平实现》，指出："国共停战协定，不但是结束了过去五个月的军事冲突，而且是开始了整个中国现代发展史中前所未有的和平发展的新阶段——和平改革与和平建设的新阶段。"[5] 同时，毛泽东多次召开会议分析当时局势，认

①《抗日战争胜利后的新形势和新任务》和《毛泽东关于抗战胜利后的方针给饶漱石等的电报》，载《建党以来重要文献选编（1921—1949）》第22册，中央文献出版社，2011年，第655—657页。

②中共中央文献研究室编，逄先知、金冲及主编：《毛泽东传》2，中央文献出版社，2013年，第742页。

③周勇主编：《重庆抗战史：1931—1945》，重庆出版社，2013年，第261页。

④中共中央文献研究室编：《毛泽东年谱（1893—1949）》下卷，中央文献出版社，2013年，第27页。

⑤《和平实现》，《解放日报》1946年1月12日，第1版。

为和平民主新阶段确实已经到来，并建议起草一个文件发下去，使全党对当时形势有正确的认识和必要的准备。据此，刘少奇起草了"二一指示"，在肯定政协决议的基础上指出："从此中国走上了和平民主建设的新阶段。"①同时，周恩来、朱德等也在不同场合提过"和平民主新阶段"。所以，这个口号是党中央对时局的一种估计，是中国共产党顺应人民群众强烈愿望的一种反映，"是当时党中央的共同提法"②。

其三，"和平民主新阶段"评析。

"和平民主新阶段"究竟是策略方法还是战略方针，党史界存有不同观点。实际上，无论是策略还是战略，都会随着形势的发展而变化。如周恩来所讲："策略是根据形势的变动而变动的，但策略又是为着实现基本方针的。"③因此，共产党一方面提出"和平民主新阶段"，但并不对此抱有幻想，仍旧坚持"武装夺取政权"。究竟是"战"还是"和"，不是由共产党说了算，而要看国民党

①《建党以来重要文献选编（1921—1949）》第23册，中央文献出版社，2011年，第104—108页。
②杨淑娟、黄见秋：《关于"和平民主新阶段"的提法》，《北京大学学报（哲学社会科学版）》1980年第2期，第95页。
③《周恩来选集》上卷，人民出版社，1980年，第261页。

的表现。毛泽东曾讲："和平过渡包括激烈的阶级斗争。或许到一定的国内和国际条件下，可以通过群众斗争逼得资产阶级无法使用暴力。但是，我们不大相信，现在的资产阶级都是武装起来的。还是两个并提：我们要和平，被迫的时候也要使用暴力。"[1]可见，共产党并没有丧失革命警惕性。

以历史的视角检验，"和平民主新阶段"确为"昙花一现"。随着蒋介石撕毁停战协定和政协决议，党中央很快改变了"和平民主新阶段"已经到来的估计。1946年7月，毛泽东在中央的一次集会上，对这个问题总结了经验教训[2]。从史实来看，"和平民主新阶段"的提出确实有其消极的一面，滋生了解放区的"麻痹大意"。但共产党对"和平民主新阶段"表示乐观的同时，也高度警惕可能出现的战争局面，对全国的整军相对慎重，并没有以军队国家化换取国家民主化[3]。因此，"和平民主新阶段"的提出，一是符合抗战胜利后的历史发展潮流，是

① 中共中央文献研究室编，逄先知、冯蕙主编：《毛泽东年谱（1949—1976）》第3卷，中央文献出版社，2013年，第239页。

② 廖盖隆等主编：《毛泽东百科全书》，光明日报出版社，1993年，第113页。

③ 于秋兰著：《制度变革与国家转型：1946年政治协商会议研究》，上海人民出版社，2014年，第232页。

人心所向；二是显示了共产党的和平诚意；三是我党通过参政、谈判等合法手段宣传了自己，扩大了影响，树立了新形象。可见，共产党一方面真诚地争取和平民主，另一方面也在认真地准备正义的力量，两者并不矛盾。

如果说有失误或教训，就是中央和地方某些领导人对和平估计一度过于乐观，在整军复员方面动作较大，尤其是晋察冀军区，直接导致了解放战争初期晋察冀在军事上的失利。但它让广大人民群众认清了事实，认清了谁是内战的实际"操纵者"。正如 1946 年 11 月毛泽东指出："教育人民历来是我们党的任务，要一直坚持下去。现在究竟谁要打谁要和，人民已经知道了；美国政府的欺骗，人民也更清楚了。我们党本身也需要教育，也有一个教育过程。在复员的问题上我们就吃了亏，结果有些部队不充实，民兵也减少了。"① 这正是对"和平民主新阶段"的中肯评价。

（二）晋察冀对"二一指示"的执行

1946 年 2 月 1 日，由刘少奇起草、经毛泽东修改、审定的《中共中央关于目前形势与任务的指示》出台，

---

① 《毛泽东文集》第 4 卷，人民出版社，1996 年，第 199 页。

系党中央要求全面贯彻"和平民主新阶段"的重要文件。这份指示讲道："从此中国即走上了和平民主建设的新阶段……中国革命的主要斗争形式，目前已由武装斗争转变到非武装的群众的与议会的斗争，国内问题由政治方式来解决。党的全部工作，必须适应这一新形势。"[①] 文件还要求克服"左"倾主义和关门主义："党内党外均有许多人不相信内战真能停止，和平真能实现……不相信和平民主新阶段已经到来，因而采取怀疑态度……不愿用心学习非武装的群众的与议会的斗争形式。因此各地党委应详细解释目前的新形势与新任务，很好的克服这些偏向。有些党外人士比党员还要'左'，我们应当好好说服他们。"[②] 同时党中央也保持了革命警惕性："为了保证国内和平，各地应利用目前时机大练兵三个月，一切准备好，不怕和平的万一被人破坏。"[③]

由此可见，党中央为求得和平下了很大决心，要求各解放区严格执行该指示，以"和平民主建国"为目

[①]《建党以来重要文献选编（1921—1949）》第 23 册，中央文献出版社，2011 年，第 105 页。

[②]《建党以来重要文献选编（1921—1949）》第 23 册，中央文献出版社，2011 年，第 107—108 页。

[③]《建党以来重要文献选编（1921—1949）》第 23 册，中央文献出版社，2011 年，第 107—108 页。

标践行党中央提出的《和平建国纲领草案》①。该草案在1946年1月31日政协第十次会议上一致通过,对地方自治,军事、教育、经济改革等方面提出了总体要求。

"二一指示"发布后,东北和华北呈现出不同的执行局面。东北在抗战后成为国共鏖兵的主战场,每座城市都经过反复争夺才得以解放。吉林省"形成四次接管四平,三次接管长春,两次接管吉林的复杂局面"②,根本谈不上全面贯彻"二一指示"。但关内的晋察冀是一个例外。1946年上半年,晋察冀边区开展了大规模的城市建设工作,且裁撤军队与整编复员工作也全面展开,显示出很强的和平诚意。一定程度上讲,中国共产党在东北"以战争的方式逼蒋和平",又在华北"以和平建设的方式显示和平诚意"。后者在晋察冀有着淋漓尽致的体现。

"二一指示"发布以后,晋察冀边区出台的方针政策、宣传口号等均以"和平民主新阶段"为总纲。《晋察冀边区总工会、平绥铁路总工会、张家口市总工会纪念"二七"23周年宣言》(1946年2月7日)提出:"当

---

① 《建党以来重要文献选编(1921—1949)》第23册,中央文献出版社,2011年,第57页。

② 中共吉林省委党史研究室编:《城市的接管与社会改造》吉林卷,中共吉林省委党史研究室内部资料,2002年,第3页。

此和平建设时期开始的时候，让我们大家都好好的来庆
祝一番……和平到来了，我们热烈的欢迎它的到来，我
们拥护政治协商会议上所通过的'和平建国纲领'。我
们认为这是过渡时期中实现全国民主改革的总方向。"[1]
晋察冀边区行政委员会出台的《关于加强经济工作的启
事》（1946年3月1日）讲道："当此和平民主建设新阶
段到来之际，全国人民莫不欣愿中国走向近代化工业之
道路。"[2]《晋察冀军区告复员同志书》（1946年3月5日）
指出："抗战胜利，和平实现，而许多重大的和平建设工
作，正等着我们去做。"[3]首府张家口出台了《张家口市政
府建设计划草案》（1946年2月11日），内述："和平到
来，张家口市政府即将从事建设繁荣的新张家口……战
争结束，和平实现，市政府着重在恢复民力，今年建设
计划是休养生息中，拿出一点力量来，这仅仅是新张家

①《晋察冀边区总工会、平绥铁路总工会、张家口市总工会纪
念"二七"23周年宣言》，《晋察冀日报》，1946年2月7日，第1版。
②《晋察冀边区行政委员会关于加强经济工作的启事》（1946
年3月1日），载中共河北省委党史研究室编：《晋察冀解放区首府
张家口》，中共党史出版社，1996年，第162页。
③《晋察冀军区告复员同志书》（1946年3月5日），载中共河
北省委党史研究室编：《晋察冀解放区首府张家口》，中共党史出版
社，1996年，第164页。

口建设的开头,大规模的建设还在今后。"① 上述文件字里行间透露出开展城市和平建设的雄心壮志。

晋察冀边区的很多城市,尤其是首府张家口,遵循《和平建国纲领》开始了政治、经济、文化等方面的管理与建设,和平之路持续至1946年下半年。这样的努力对于不久而至的战争或许是一个"错误",但所取得的建设成绩应予以肯定。1946年张家口失守后不久,延安《解放日报》发表社论称:"1年多以来张家口在民主政府管理下,成了东方著名的模范城市,全世界因此证实了中共不但善于领导乡村,而且善于领导城市,比充满贪污的蒋介石恶政府高明万倍。"② 可见,在抗战胜利后的晋察冀边区,共产党对所占领的城镇是用心"经营"的,努力去学习管理、去探索建设。这既是党的七大的路线方针的实践,也与共产党顺应民心,准备实行和平民主建国有很大关系。

---

①《张家口市政府建设计划草案》(1946年2月11日),载中共河北省委党史研究室编:《晋察冀解放区首府张家口》,中共党史出版社,1996年,第161页。

②《争取全面抵抗的胜利》,《解放日报》1946年10月15日,第1版。

二、晋察冀的城市政策梳理

抗战胜利后，在"针锋相对、寸土必争"政策指引下，中国共产党试图接管被根据地包围的北平、天津、上海等大城市，但由于日寇的阻挠以及国民党军在美国的帮助下迅速占领平津及上海一带而未能实现。在东北，由于苏联的暗中协助，我党我军一度占领了沈阳、长春等大城市，但后来又不得不放弃东北一些大城市，实施"让开大道、占领两厢"的策略，形成"以中小城市为基础，徐图大城市"的战略格局。同时，党中央相继出台有关城市建设的文件，如《中央关于新解放城市工作的指示》①《中央转发晋冀鲁豫中央局关于新解放区城市政策和群众工作的指示》②《中共中央关于解放区经济建设的几项通知》③《中共中央关于对解放区私人企业的政策方针》④等。这些文件的主要内容包括恢复社会秩序、着手工商业建设、处理好私人企业及各种物资财产等事项。

① 中国人民解放军历史资料丛书编审委员会编：《新四军文献》5，解放军出版社，1995年，第244页。
② 中央档案馆编：《中共中央文件选集（1945）》第15册，中共中央党校出版社，1992年，第650页。
③ 《建党以来重要文献选编（1921—1949）》第23册，中央文献出版社，2011年，第177—178页。
④ 《建党以来重要文献选编（1921—1949）》第23册，中央文献出版社，2011年，第111—112页。

尤其在经济上党中央明确提出保护私人工商业，提倡私人资本主义发展，确保劳资两利等，为解放区经济建设提供了制度保障。晋察冀边区根据党中央的相关文件精神及城市政策指示，亦相继出台了有关城市管理与建设的相关文件，是抗战胜利后中共城市政策的重要起源地。

（一）晋察冀城市政策的发轫（1944—1945）

1944年6月5日中共中央发出《关于城市工作的指示》后，晋察冀边区及时加强了敌占城市及交通要道工作。同年12月，毛泽东在《晋察冀部队应努力向日军占领区发展》一文中，除要求努力扩大解放区外，还要求"同时努力从事城市工作"[①]。1945年中共中央晋察冀分局出台《关于城市工作的指示》，指出："目前我们的城市工作，一般的还处在发现干部，进行派遣与寻找关系的阶段，在城市与交通要道中建立党、发展党、团结群众的工作还很薄弱……距离中央的要求还远。"[②] 根据中央和分局指示，晋察冀各级城工部门积极谨慎地开展城市地下党组织的筹建与发展工作，并使之壮大。"抗战胜利

①《毛泽东军事文集》第2卷，军事科学出版社，中央文献出版社，1993年，第749页。

②河北省社会科学院历史研究所编：《晋察冀抗日根据地史料选编》，河北人民出版社，1983年，第492页。

时，晋察冀城工部系统包括平津唐的地下党员已有500人。其中在北平的近200人。"① 当然，此时晋察冀边区的城市工作还仅限于城市秘密斗争和统一战线工作，尚未有城市建设的政策出台。

抗战胜利后，党中央及时确定了"向北发展、向南防御"的战略方针。刘少奇多次给东北局派发电报指出："到东北的主力部队和干部，必须分散部署，应以大半分到东满、北满、西满各战略要地去建立根据地。"② 顺利建立东北根据地的前提是保证热河、察哈尔两省为我党我军的战略通道，因而在1945年8月至1946年初，晋察冀军区与国民党军的冲突不断。中央军委多次指示晋察冀军区："为坚持和平、民主方针，我必须保卫承德、张垣。"③ 为此，这一时期晋察冀的城市政策关乎战争与和平两方面。较为典型的政策如《晋察冀边区行政委员会关于目前张家口市政建设工作的决定》④（1945年11月6日）与《中共中央晋

---

① 张大中：《北平地下抗日斗争的回忆》，载政协北京文史委编：《北平地下党斗争史料》，北京出版社，1988年，第319页。

② 《刘少奇选集》上卷，人民出版社，1982年，第374页。

③ 《建党以来重要文献选编（1921—1949）》第23册，中央文献出版社，2011年，第9页。

④ 《晋察冀边区行政委员会关于目前张家口市政建设工作的决定》（1945年11月6日），载中共河北省委党史研究室编：《晋察冀解放区首府张家口》，中共党史出版社，1996年，第82—84页。

察冀局关于坚决保卫张家口与热河的决定》①（1945 年 12 月 25 日）。前者对张家口市的电话、电灯、自来水的修复工作及街道卫生等作出了指示，主要方针是恢复建设，保证民生；后者号召全党全军紧急动员起来，党内党外亲密团结，为坚决保卫张家口和保卫热、察两省而斗争。

抗战胜利初期，由于国共双方在战俘、受降、改编伪军等问题上未能达成一致，实质上是打了 3 个月的内战，因而晋察冀的城市政策是"建设"与"军事"并举，尤其是集宁、承德等处于前线的城市。关于军事斗争的政策、指示相对更多，如《关于顽伪有可能三路进攻承德致彭真、程子华电》（1945 年 10 月 25 日）、《关于热河形势与军事方针的指示》（1945 年 11 月 26 日）、《中共冀热辽中央分局关于热河兵力概况致中央等电》（1945 年 12 月 24 日）等②。

（二）晋察冀城市建设政策的相继出台（*1946.1—1946.6*）

1946 年初，国共和谈有了很大进展，签署了停战

---

①《中共中央晋察冀局关于坚决保卫张家口与热河的决定》（1945 年 12 月 25 日），载中共河北省委党史研究室编：《晋察冀解放区首府张家口》，中共党史出版社，1996 年，第 134—136 页。

②中共承德市委党史研究室编：《承德解放战争史料选》，人民日报出版社，1998 年，第 41、50、60 页。

令、政协决议、整军协议、东北停战协议四个文件，使战争在全国范围内停止了一段时间，促使国内出现和平局面。其中，"停战令"是基础，"政协决议"是保障，"整军协议"凸显和平诚意，"东北停战协议"是和平希望的进一步延展。然而，"东北停战协议"没有起到实际效果。此协议仅在数天后就被蒋介石公开撕毁，东北陷入全面战争当中。此时的晋察冀军民却正在坚决执行整军协议和政协决议，积极开展政权、市政、文教等建设，截至全面内战爆发前，出台了一系列和平建国的方针政策，奠定了城市管理与建设的部分制度基础，见表 3-1[①]。

表 3-1   1946 年 1—6 月，晋察冀边区（含首府张家口）
各项城市政策汇总

出台日期	政策名称	制定机构
1946.1.8	张家口宣化职教员薪金新办法	晋察冀边区行政委员会
1946.1.14	关于解除军事戒严及防空规定的布告	张家口市卫戍司令部
1946.1.14	关于整顿市容开展卫生工作的通告	张家口市政府
1946.1.16	关于初步整顿市容的通告	张家口市公安局

① 中共河北省委党史研究室编：《晋察冀解放区首府张家口》，中共党史出版社，1996 年，第 144—245、351—419 页。

续表

出台日期	政策名称	制定机构
1946.1.24	关于旧历新年开展拥军优抗运动的指示	张家口市政府及各群众团体
1946.2.11	张家口市政府建设计划草案	张家口市政府
1946.3.1	关于加强经济工作的启事	晋察冀边区行政委员会
1946.3.5	告复员同志书	晋察冀军区
1946.3.15	关于复员工作的指示	晋察冀边区行政委员会
1946.3.20	张家口市选宣传要点	张家口市选举委员会宣传委员会
1946.3.20	张家口市参议会选举、组织暂行条例	张家口市
1946.3.26	为胜利完成市选告全市人民书	张家口市政府
1946.4.4	关于本市目前施政方针	中共张家口市执行委员会
1946.4.24	张家口市政府组织条例	张家口市
1946.4.27	张家口的市政建设	张家口市参议会（杨春甫发言）
1946.5.2	关于张家口市施政方针的说明	张家口市参议会（刘秀峰发言）
1946.6.30	关于重新登记工商业各团体的布告	张家口市政府

因史料阙如，上表所列晋察冀边区出台的城市政策并不是十分完整，但亦能显示出 1946 年上半年晋察冀边区城市建设的热情。停战令颁布后，晋察冀边区包括张家口市政府、参议会等，每月均会出台一些城市政策，

涉及政经建设、军队复原、民主选举等多项内容，体现出晋察冀党政军对《和平建国纲领》的有力执行，《解放日报》称张家口为"解放区和平建设的缩影"①。1946年8月23日，《晋察冀日报》头版社论《张家口解放一周年》载："经过张家口人民的不屈不挠的努力和老解放区人民的援助，张家口已经建设成一座中外注目、独立和平的、民主繁荣的模范城市了。所有到过张家口的中外新闻记者都称赞这座城市，并不是偶然的。"②

（三）晋察冀城市政策的调整（*1946.7—1946.12*）

1946年政协会议闭幕后，2月上旬中国共产党有关"和平民主新阶段"的指示和部署选出，表现出对国共关系和国家转型前所未有的乐观③。尤其是《关于军队整编及统编中共部队为国军之基本方案》④（1946年2月25日）的达成，标志着国共之间的军队问题有解决的可能，和平建国的进程又向前迈了一大步。但社会各界对国民

①《解放区和平建设的缩影 张家口交通畅达》，《解放日报》1946年1月10日，第2版。

②《社论：张家口解放一周年》，《晋察冀日报》1946年8月23日，第1版。

③于秋兰著：《制度变革与国家转型：1946年政治协商会议研究》，上海人民出版社，2014年，第231页。

④中共代表团梅园新村纪念馆：《国共谈判文献资料选辑（1945.8—1947.3）》增订本，江苏人民出版社，1980年，第130页。

党能否实行政协决议也有不少担心，民盟领导人罗隆基说："为中国前途着想，倒是先把政协所决定的先实行了，再开党的全会不迟。万一有个党全会不赞成政协所决定，那怎么办呢？难道再从头打起来，推翻政治协商的效果吗？"①罗不幸言中。国民党六届二中全会实质上否定了政协决议。

虽是如此，但共产党并没有放弃争取和平。1946年5—6月，中共中央《关于时局及对策的指示》《关于力争和平同时准备大打给郑位三的指示》《关于力争和平准备长期战争给饶漱石等的指示》《关于准备对付蒋介石大打的作战部署给刘伯承等的指示》等②均指出：党的方针是力争制止内战，争取和平前途，至少也要推延全国内战时间。8月26日，周恩来在记者招待会上仍表达了和平意愿："和平要靠人民的力量来获得。"③8月29日，延安《解放日报》发表社论，强烈谴责国民党破坏和平的

---

① 汪朝光著：《中国近代通史——中国命运的决战（1945—1949）》，江苏人民出版社，2013年，第41—42页。

② 《建党以来重要文献选编（1921—1949）》第23册，中央文献出版社，2011年，第262、300、301、309页。

③ 《建党以来重要文献选编（1921—1949）》第23册，中央文献出版社，2011年，第408页。

种种行径①。1946 年 10 月国民党军大举进攻晋察冀边区首府张家口，"等于国民党造成全面破裂"②。《进攻张家口将迫使国共关系全面破裂》载："政府不惜以进攻中共解放区的政治中心之一张家口，迫使国共关系临于最后破裂的境地。"③ 随着时局的变化，和平已无任何希望。这一期间，晋察冀边区城市工作的方针也从建设转为战争动员，出台的城市政策如表 3-2 所示④。

表 3-2　1946 年 7—11 月，晋察冀边区（含首府张家口）
各项城市政策汇总

出台日期	政策名称	制定机构
1946.7.12	关于平抑粮价的布告	张家口市政府
1946.8.23	关于自卫战争动员教育的材料	中共平北（十二）地委宣传部
1946.9.17	致全市人民紧急号召书	中共张家口市委
1946.9.19	号召全体指战员百倍奋勇消灭进犯者	晋察冀军区政治部
1946.9.23	关于严防不肖分子滋扰的布告	张家口市政府

---

①《一年的教训》，《解放日报》1946 年 8 月 29 日，第 1 版。
②《周恩来选集》上卷，人民出版社，1980 年，第 259 页。
③ 中共中央文献研究室、中国人民解放军军事科学院编：《周恩来军事文集》第 3 卷，人民出版社，1997 年，第 149 页。
④ 中共河北省委党史研究室编：《晋察冀解放区首府张家口》，中共党史出版社，1996 年，第 249—280 页。

续表

出台日期	政策名称	制定机构
1946.9.23	为保卫张家口发出战斗号召	中共中央晋察冀局
1946.9.25	关于严惩土匪特务偷盗的布告	张家口市政府
1946.9.26	告边区军民书	晋察冀边区行政委员会
1946.10.14	保卫张家口战役公报	晋察冀军区司令部
1946.11.1	关于张垣失守后的形势与任务的决定	中共中央晋察冀局

通过上表可见,全面内战的阴霾很快波及晋察冀边区。7月,粮食价格出现波动。8—9月,在进行战争动员过程中出现土匪、特务活动及不肖分子滋扰等城市不稳定因素。1946年10月11日张家口失守后,晋察冀边区不得不重新调整政策,指出:"由于今后处于长期的自卫战争,并依靠若干中小城市与广大农村的环境,我之一切斗争形式、组织形式、工作作风都需有改变。"① 至此,张家口、承德、赤峰、集宁等城市均失守,晋察冀边区在局部争取和平民主的努力终被反动派打破,翌年3月国共和谈大门彻底关闭。

---

① 晋察冀边区阜平县红色档案丛书编委会编:《晋察冀边区法律法规文件汇编》上,中共党史出版社,2017年,第33页。

三、城市的建设及社会改造

抗战胜利后，美国参与了国共和谈及军调工作，因而很多美国学者较为关注国共两党在各自区域内的不同施政。在他们眼中，1945—1946 年是国民党失去支持、失去民心的一年[①]。"在城市，广大民众对国民党政府的幻灭开始于 1945—1946 年，正是它回到沦陷区的这一时期。"[②] "腐败"与"无能"成为大后方用来形容国民党的标准缩略语，"1945 年 8 月以后，在华东、华北、东北的沦陷区城市，几乎所有人的亲身体验都在诠释着这两个词语。由于这个政府八年来一直代表着民族不屈的意志，如今目睹了它的无能和腐败，这些地区民众的幻灭感或许会更强一些。对回归的国民党的欢迎在几周之内就冷却下来。"[③] "那些利用战后不稳定局势投机谋利的

---

①Wilma fairbank：《America's cultural Experiment in China (1942-1949)》，Bureau of Educational and Cultural Affairs U.S. Department of stateWashington D.C.1976：106-109（即费慰梅著：《美国在中国的文化实验（1942—1949）》——作者译）。

②（美）胡素珊（Suzanne Pepper）著，启蒙编译所译：《中国的内战：1945—1949 年的政治斗争》，当代中国出版社，2014 年，第 371 页。

③（美）胡素珊（Suzanne Pepper）著，启蒙编译所译：《中国的内战：1945—1949 年的政治斗争》，当代中国出版社，2014 年，第 371 页。

政客们把劫收华东'收复'区所得的战利品塞进了自己的腰包，所到之处，民心丧尽。贪污腐化和通货膨胀，甚至也使上层社会降低了他们拥护国民党的热情。"[1] 相反，共产党领导下的城市接管工作紧张而有序，很快投入到城市建设之中，向世人展示了共产党领导城市的能力。晋察冀边区的主要城市张家口、承德、赤峰及一些县级城镇的城市建设成绩斐然。美国进步女记者、作家安娜·路易·斯特朗曾专门造访张家口，对张家口的建设给予了客观、公正的评析，特别是在张家口被国民党军占领前夕，斯特朗又特意乘坐飞机赶赴张家口。在她的作品《中国人征服中国》中言及：是要看看一个二十万人口的城市、一个全区面积相当于波兰、又是具有三千万人口的广大地区首府是如何疏散的[2]。美国学者李敦白在1945—1946年就职于张家口新华广播电台，在他眼中的张家口是一座人民政府管理下的幸福和幸运的城市[3]。

---

[1]《费正清中国回忆录》，中信出版社，2013年，第375页。

[2]（美）斯特朗：《中国人征服中国》，北京出版社，1984年，第205页。

[3]（美）李敦白、阿曼达·贝内特著，丁薇译：《红幕后的洋人——李敦白回忆录》，上海人民出版社，2006年，第41页。

（一）政权建设

日寇投降后，内战的火药味仍旧弥漫在解放区的上空，共产党接管的大多数城市均是伤痕累累、满目疮痍。此时，党的工作重心仍在农村，尚无建设城市的经验。况且将日寇长期殖民统治的城市改造、建设成为新民主主义城市绝非一朝一夕之事。要解决这样一个大问题，政权建设尤其重要。在晋察冀边区，除最初实施过军事管制外，民主政府亦随之建立。在察哈尔、热河两省召开了人民代表会议，以健全的民主程序召开省级人代会，这在中国历史上还是第一次。同时，抗战时形成的参议会制度也在城市内延用。

其一，民主政府的建立。

抗战胜利后，因共产党夺取城市的方式不同，民主政府的成立过程亦有不同。在东北，民主政府的建立大都由抗联干部在苏军的军事管制下完成，之后又与延安等地派来的中共干部进行重组，且多数城市的民主政府经历了"撤退"又"开进"的拉锯。在晋察冀边区，共产党夺取城市的方式最终可归纳为"独立解放"与"苏军移交"两种。前者民主政府的建立相对迅速，后者则需要经历一个相对较长的酝酿过程。此间晋察冀边区最大的两座城市张家口和承德分别代表了民主政府的两种建立过程与方式。

承德是热河首府，1945年8月19日"苏蒙联军进占承德，缴了日伪军的械"①，承德解放。由于未能及时派遣中共干部接管，经伪满承德监狱解救的八路军干部与苏军初步协商，成立"八路军驻承德临时办事处"，这是一个具有政府性质的工作组织，"也是抗日战争胜利以后共产党、八路军在承德成立的第一个公开的组织机构"②。之后，"中共冀热辽区党委于8月底，在此组建中共热西工作委员会和热西办事处，统一领导承德、滦平、围场、隆化、丰宁县的接收工作"③。"临时办事处"和"热西工委"多次与驻承德的苏军进行联系，争取八路军在承德的合法地位。但是，因《中苏友好同盟条约》的限制，苏军既不承认共产党、八路军在承德的合法存在，更不允许在承德建立党领导下的民主政权。对此，中共中央与苏方进行了多次有理有据的交涉，直至9月中旬

① 邓一民主编：《热河革命史大事记（1919—1955）》，文化艺术出版社，1988年，第146页。
② 中共承德市委党史研究室：《中国共产党承德历史》第1卷，中央文献出版社，2006年，第251页。
③ 中共承德市委组织部等编：《中国共产党河北省承德市组织史资料（1938—1987）》，河北人民出版社，1993年，第35页。

我党才可以在承德公开进行建党建政工作。"10月，根据东北和热河地区形势发展的需要，中共冀热辽区党委决定在承德县所属承德街的基础上设承德市的建制。承德市属热河省，为地级市。中共热河省（分）委任命了中共承德市委、市政府领导成员。同时，在承德街以外的原承德县范围内设独立建制的承德县。"① 可见，从承德解放到民主政府建立，之间相隔2个月之久，涉及政治、军事、外交等多方原因。热河其他县城也遇到一些相似的难题，据载"承德、丰宁（东）、东滦平、西滦平、隆化、围场6个县政府"② 均在11月设置。尽管如此，民主政府还是在承德很快开展了城市建设工作。

承德市委、市政府组建后，工作重心开始由农村转向城市，紧紧依靠工人阶级，从工人中大批提拔干部。同时，正确对待旧职人员和知识分子，注意发挥他们的作用。为正确处理阶级矛盾，清除日伪残余势力，使人民群众真正翻身解放，民主政府带领全市人民，开展了清算复仇的反霸斗争。1945年12月，中共热河省委总

① 中共承德市委组织部等编：《中国共产党河北省承德市组织史资料（1938—1987）》，河北人民出版社，1993年，第35页。
② 中共承德地委组织部等编：《中国共产党河北省承德地区组织史资料（1931—1987）》，河北人民出版社，1992年，第47—48页。

结了承德市和热西地区发动群众的经验，颁布《关于热河发动群众的指示》①，指出：在城市中发动群众，必须首先发动工人，使工人在清算汉奸、特务的运动中起先锋作用和领导作用。同时该指示还提出要学会管理城市的一套办法，爱护民力，一切作长期打算。这份指示受到毛泽东的肯定和赞扬，他在给东北局的《建立巩固的东北根据地》中提到："最近热河省委的发动群众斗争的指示，可以应用于东北。"②

在民主政府建立上，张家口则较为迅速。1945 年 8 月 23 日收复张家口后，中共张家口市委、八路军张家口市卫戍司令部、晋察冀边区张家口市人民政府，以及市公安局和 11 个区人民政府相继成立。③"张家口市政府，已于 8 月 29 日委任该市 11 个区的区长。"④9 月起，全市人民在民主政府的领导下开展了轰轰烈烈的清算控诉运

---

① 中共承德市委党史研究室编：《承德解放战争史料选》，人民日报出版社，1998 年，第 47—50 页。

②《毛泽东选集》第 4 卷，人民出版社，1991 年，第 1180 页。

③ 中共河北省委党史研究室编：《晋察冀解放区首府张家口》综述，中共党史出版社，1996 年，第 3 页。

④《张家口成立市政府 救济失业灾民建立革命新秩序》，《解放日报》1945 年 9 月 4 日，第 4 版。

动。至 10 月，全市较大规模的清算斗争达 166 次①。同时，晋察冀边区高等法院判处原伪蒙疆政府副主席于品卿，伪张家口正副市长韩广森、崔景岚等一批汉奸死刑，大快人心。当时，美国《纽约先驱论坛报》记者史梯尔和"北美新闻联盟"记者安德斯正在张家口访问，他们对民主政府严惩汉奸战犯印象极深："拿北平与张市相比是很有趣的。北平至今的一切汉奸战犯仍逍遥法外，继续横行，没有人去管理与制裁他们。在上海，情形也如此。而张家口却不同，许多战犯已被政府捕获。广大人民起来控诉他们的罪行，这是很好的，这主要是由于张市有民主政府的缘故。"②"张市为八路军解放虽然只有两个多月，而社会秩序已很安定，我所遇到的政府人员，他们所做的事，都符合人民的利益，这给我的印象非常深刻。"③

张家口民主政府很快得到了人民的拥护④。1945 年

①刘涓迅著：《革命史家胡华》，当代中国出版社，2011 年，第44 页。

②《美记者访问张市 对我严惩战犯印象颇深》，《晋察冀日报》1945 年 10 月 13 日，第 2 版。

③《美国两记者访问张家口 盛赞张市建设进步》，《解放日报》1945 年 11 月 1 日，第 1 版。

④《外国记者游历张家口 钦佩民主政权彻底肃奸》，《新华日报》1945 年 10 月 26 日，第 2 版。

11、12月间，在党的领导下，民主政府对市基层政权进行彻底改造，摧毁敌伪遗留的甲牌制，清洗勾结敌伪、敲诈勒索、欺压人民的甲牌长，建立人民民主的街闾制。在县区，民主政权亦纷纷建立。据载，"张北、崇礼、沽源、宝昌、多伦、康保、德化、商都、尚义各县县区两级民主政权均已建立"①。翌年3月，张家口开始民主选举市级政权，选举市参议员并成立参议会，继而选举参议长、市政府委员、市长等，成立市政府。自此，张家口市政府从晋察冀边区委派转变为民主选举产生，"这不但在张家口市，而且在全中国都是有极其重大的意义的"②。

其二，省级人民代表会议。

人民代表大会制度是人民民主专政的政权组织形式，是中国的根本政治制度。1948年8月华北临时人民代表大会召开，被称为"全国人民代表大会的前奏和雏形"。但这种政权组织形式并非最早实施于1948年，而是在1945—1946年。"1946年1月5日佳木斯市政府开始办

---

①《察北各县树立民主政权》，《解放日报》1945年11月13日，第1版。

②《张家口市政府为胜利完成市选告全市人民书》，《晋察冀日报》1946年3月26日，第2版。

公。同年 2 月 25 日召开省人民代表大会，正式成立了合江省政府。"①2 个月后，松江省人民代表大会也在宾县举行，"参加大会的包括共产党、国民党左派、民主同盟及各团体、各工商会在内的各阶层、各民族的代表 116 人"②。此外，绥宁、嫩江等省的参议会也在各自的省会城市召开③。

在华北，热河、察哈尔两省的人民代表会议已于 1945 年 11 月召开。1945 年 10 月，除个别敌据点外，热、察两省大部解放，市县、盟旗各级民主政权纷纷建立，村政权也在改造之中，群众团体先后成立。从桎梏中解放出来的热、察两省人民渴望成立一个民主的热河省、察哈尔省④。同时，"中共中央电示晋察冀中央局，要迅速召集热河、察哈尔两省人民代表会议，成立热、察两省政府，抵制国民党不承认两省为行政区域"⑤。不久，

①黑龙江省金融研究所编：《黑龙江根据地金融史料（1945—1949）》，黑龙江省金融研究所，1984 年，第 4 页。

②黑龙江省人民政府办公厅编：《黑龙江政府志》，黑龙江人民出版社，2001 年，第 254 页。

③郎琦著：《中国共产党城市接管与建设工作研究（1945—1946）》，红旗出版社，2016 年，第 304 页。

④《晋察冀十月十七日通讯：察热两省全境解放人民一致要求建立民主的省政权》，《新华日报》1945 年 11 月 16 日，第 3 版。

⑤张家口市政协文史委：《张家口文史资料》第 23 辑，冀出内刊字 JR—2006 号，1991 年，第 226 页。

晋察冀边区行政委员会和参议会公布了《关于召开察哈尔、热河两省人民代表会议及成立察、热两省民主政府的决定》（1945 年 10 月 18 日）①。在该决定的指引下，热河、察哈尔各界人士开始积极筹备。例如，张家口市出台《张家口市关于推选出席察哈尔省人民代表会议代表的规定》②，对推选办法、名额分配及代表资格等作出明确规定。中共热河省委、冀热辽分局也电告中央："我们已于 14 日成立省政府，并决定于 28 日再召集热河省人民代表会议，正式成立省政府，委员三三制，党员 4 人，蒙民 3 人（热河人口四百五十万，蒙民百余万），中间及进步人士 3 人。"③

1945 年 11 月 1 日，热河省人民代表会议在承德正式开幕，出席会议的代表共 174 人，省委书记胡锡奎作《热河省目前施政纲领》的报告。13 日会议结束，选举省政府委员 15 人，李运昌为省政府主席，李子光、杨雨

---

① 《关于召开察哈尔、热河两省人民代表会议及成立察、热两省民主政府的决定》，《晋察冀日报》1945 年 10 月 19 日，第 1 版。
② 《出席察省人民代表会议 张市人民代表推选办法》，《晋察冀日报》1945 年 10 月 27 日，第 2 版。
③ 中国人民解放军历史资料丛书编审委员会编：《剿匪斗争·华北地区》，解放军出版社，2001 年，第 37 页。

民为副主席①，并于 11 月 13 日晚宣誓就职②，热河省政府正式宣告成立。与热河省人民代表会议同时召开的还有察哈尔省人民代表会议，相比而言察省人代会有三点不同。

一是察省成立了人代会筹备委员会并举行了预备会。根据晋察冀边委会和参议会的决定，冀察行署于 10 月 19 日聘请社会各界有威信的代表人士为察省人代会筹委会委员。20 日筹委会召开首次会议，讨论决定了工作机构及具体事宜。26 日第二次会议具体讨论了出席代表名额、会议日程、选举方式等。随即，察省各县、盟旗及张家口市掀起了选举热潮③。据目前所知史料显示，筹委会这一机构在热省人代会筹备过程中并未设立。热省人代会于 1945 年 11 月 1 日开幕，而这一天察省人代会举行的是预备会，推举了主席团成员和主席，《晋察冀日报》也发表社论，庆祝察省人代会即将开幕。

二是察省人代会正式开幕要晚于热省人代会，但闭幕早一周。热省人代会于 1945 年 11 月 1 日开幕，13 日闭幕，会议历时 13 天。而察省人代会于 1945 年 11 月 2 日正式开幕，6 日闭幕（原定 5 日），会议历时 5 天。热省人代会之所以历时较长可能有两方面原因："未成立筹备会"与"斗争形势更为复杂"。如以察省人代会筹备会第一次会议召开时间算起，察省人代会从筹备会召开到正式会议闭幕历时 18 天。此外，热省解放后斗争形势较察省复杂，晋察冀边区派驻机构在热省正式成立时间均晚于察省，因而不难想象热省人代会可能还会出现一些难以短期解决的人民内部矛盾。

三是前期并未成立过察哈尔省政府。热河光复后，由于苏军的支持，伪政权一直存在。为迫使伪热河省长、维持会长孙柏芳等交出政权，1945 年 10 月 14 日民主热河省政府宣告成立，人民公举李子光为主席，杨雨民为副主席，并公开举行了就职仪式和交接仪式。在中共政治军事压力下，伪政权宣告破灭。而察哈尔省政府在省人代会召开之前从未宣告成立，察省境内的行政工作由冀察行署代理。因而 1945 年 11 月 1 日《晋察冀日报》社论《建设和平民主团结的察哈尔》曾载："在今天的中国，真正按照人民的意志，由人民代表会议产生的民主的省政府这还是第一个。"① 且以人代会闭幕日为准，察省政府的成立要早于热河。

在察省人代会上，刘道生作《关于察哈尔省目前施政方针与工作意见》②的报告并提请大会讨论。经大会讨论与表决，通过两议案：一是确立北方局之《冀察区施政纲领》为察省政府施政纲领；二是确立刘道生提案之"对目前察省施政之9点工作意见"为察省政府的工作重点③。另外，大会还通过了《察哈尔省省政府委员及主席选举法》④。在大会召开过程中，蔚县光复，察省宣告彻底解放⑤。察省人代会闭幕后受到举国瞩目，《解放日报》《新华日报》等纷纷报道："本月2日至6日举行于宣化城的察哈尔省人民代表会议，将该省推上民主与和平建设的新阶段。"⑥"察哈尔于本月2日到6日，在宣化城举

①《社论：建设和平民主团结的察哈尔》，《晋察冀日报》1945年11月1日，第1版。

②中共张家口地委党史办公室：《张家口地区党史资料选编》第三集，1986年，第26—29页。

③中共张家口市委党史研究室：《中共张家口地方史》第1卷，中共党史出版社，2001年，第302页。

④政协张家口市宣化区委员会文史资料委员会：《宣化文史资料》第8—9辑，1996年，第126页。

⑤《我军解放蔚县 察哈尔省全告光复》，《解放日报》1945年11月11日，第1版。

⑥《人民代表选出委员和主席 察哈尔省政府成立》，《解放日报》1945年11月22日，第1版。

行全省人民代表会议……正式成立察哈尔省政府。其中共产党员只占三成。"①

晋察冀边区热、察两省政府的成立，有利于共产党完全控制热、察两省，进而建立东北根据地，对实施中共中央"向北发展、向南防御"的战略方针，争取全国解放战争胜利等具有重要意义。同时，热、察两省政府的成立，为晋察冀边区的各项建设奠定了良好基础，也为华北临时人代会的召开及新中国成立后人代会制度的建立提供了经验。

其三，参议会在城市的延续。

参议会的政权组织形式可追溯至全面抗战时期。1938年国民政府成立参政会，并公布了《省临时参议会组织条例》②。同时，中共中央取消中华苏维埃共和国称号，于1939年初召开陕甘宁边区参议员大会，建立边区参议会，作为代议制机关，通过了《陕甘宁边区各级参议会组织条例》③等法律案。1940年3月毛泽东在《抗

---

①《察哈尔民选政府成立 张苏当选省政府主席》，《新华日报》1945年11月24日，第2版。

②刘政等主编：《人民代表大会制度词典》，中国检察出版社，1992年，第650页。

③社科院近代史资料编译室主编：《陕甘宁边区参议会文献汇辑》，知识产权出版社，2013年，第58页。

日根据地的政权问题》①中首先提出参议会政权的"三三制"原则。抗日根据地的参议会，虽采用《省临时参议会组织条例》中的名称，但与国民党的参议会有着本质不同。抗战胜利后，共产党领导的参议会在解放区的政权建设上同样发挥了重要作用，在城市政权建设中成效尤其显著。在东北地区，除召开绥宁、嫩江等省级参议会外，1946 年 7 月，哈尔滨市第一届临时参议会召开，"会议通过了《哈尔滨市施政纲领》和《哈尔滨市临时参议会组织条例》《哈尔滨市人民政治经济清算暂行办法》《惩治贪污暂行条例》《哈市敌伪财产处理细要》等规章"②。

　　在晋察冀边区，1945 年 11、12 月间，在张家口市委、市政府领导下，"对基层政权进行彻底改造。摧毁敌伪遗留下来的甲牌制，清洗出勾结敌伪、敲诈勒索、欺压人民的伪甲牌长，建立人民民主的广泛统一战线的街闾制……当时市政府完成街（村）政权民主选举后，即着

　　①《建党以来重要文献选编（1921—1949）》第 17 册，中央文献出版社，2011 年，第 169 页。
　　②黑龙江省人民政府办公厅编：《黑龙江政府志》，黑龙江人民出版社，2001 年，第 255 页。

手进行全市普选"①。1946 年上半年，张家口市的参议会选举正式拉开帷幕。"3 月 7 日，晋察冀边区行政委员会第 44 次全体委员会议决定，4 月间在张家口市进行民主大选，成立市参议会，选举市长。"②1946 年 3 月 10 日，张家口市成立了选举委员会。20 日，晋察冀边区行政委员会颁布了《张家口市参议会选举、组织暂行条例》③。26 日，《晋察冀日报》登载的《张家口市政府为胜利完成市选告全市人民书》指出："现在政治协商会议已经胜利闭幕，在全国范围内，和平民主团体建设的新阶段已经开始到来，为了迎接这一伟大新阶段的到来，更进一步建设张家口市的民主政治，边区行政委员会决定本市进行市选，成立市参议会，选举市政府，这不但在张家口市，而且在全中国都是有极其重大的意义的。"④27 日，杨春甫发表广播讲话，号召全市各界同胞热烈地参加到

---

① 中共河北省委党史研究室编：《晋察冀解放区首府张家口》综述，中共党史出版社，1996 年，第 5—6 页。

② 中共张家口市委党史研究室：《中共张家口地方史》第 1 卷，中共党史出版社，2001 年，第 292 页。

③《张家口市参议会选举、组织暂行条例》，《晋察冀日报》1946 年 3 月 20 日，第 2 版。

④《张家口市政府为胜利完成市选告全市人民书》（1946 年 3 月 26 日），载中共河北省委党史研究室编：《晋察冀解放区首府张家口》，中共党史出版社，1996 年，第 182 页。

选举运动中来[①]。

通过大规模的宣传活动，全市人民了解了民主选举的意义，大规模的参议员选举在张家口市展开。"全市有86％以上的选民参加了投票选举。到4月14日，全市共选出正式参议员91人；候补参议员26人。参议员中有刘秀峰（市委书记）、杨春甫（市委副书记）、张孟旭、郑维山、肖明等党政军领导同志17人；还有工人27人、农民11人、学生3人、店员4人、医生5人、商人26人、地主3人。参议员中有少数民族代表14人。"[②]如今，我们再次翻开1946年《张家口市全体参议员名单》[③]时会惊奇地发现，有两人并无姓名："杨老太太"与"何大妈"。这些妇女同志或许是目不识丁的，但也参与到张家口市民主政权的建设中，这充分说明张家口的政权组织代表了各阶层人民的共同利益，有广泛的群众基础。

---

① 本志编纂委员会编：《张家口人民代表大会志》，中国民主法制出版社，2004年，第65页。

② 张孟旭著：《张家口解放后的城市治理与建设》，载中共张家口地委党史办公室编：《张家口地区党史资料选编》第三集，1986年，第34页。

③ 《张家口市全体参议员名单》（1946年4月25日），载中共河北省委党史研究室编：《晋察冀解放区首府张家口》，中共党史出版社，1996年，第197—198页。

4月26日，张家口市召开人民当家作主的第一届参议会。会上，杨春甫向大会作《张家口的市政建设》[1]报告。5月2日刘秀峰向大会作《关于张家口市施政方针的说明》[2]，对《中共张家口市执行委员会关于本市目前施政方针》[3]作进一步说明与阐述。全体参议员在讨论和发言中都交口称赞张家口光复以来各条战线所取得的成绩，对政府工作中的缺点与问题也实事求是地进行了批评。5月12日，张家口市第一届参议会完成了各项预定的议程，为期16天胜利闭幕。根据"三三制"原则以及《张家口市政府组织条例》[4]，大会选举产生了正副议长、市府委员、正副市长。市委书记刘秀峰在闭幕词中说道："我们张家口市第一届参议会闭幕了。会开的很好……选举的结果我感觉很好，确实网罗了各方面的贤达，同堂共

---

① 《张家口的市政建设（摘要）》，《晋察冀日报》1946年5月15日，第1版。

② 《关于张家口市施政方针的说明》《晋察冀日报》1946年5月18日，第1版。

③ 《中共张家口市执行委员会关于本市目前施政方针》，《晋察冀日报》1946年4月5日，第1版。

④ 《张家口市政府组织条例》（1946年4月24日），载中共河北省委党史研究室编：《晋察冀解放区首府张家口》，中共党史出版社，1996年，第192—196页。

事，为建设和平民主繁荣的新张家口而奋斗。"①

张家口市民主选举及参议会的召开，激发了张市各阶层人民参加政权建设的积极性，密切了人民和政府的关系，显示了民主政权建设在城市的发展与完善，"使张家口成为全国各大中城市政治民主化的楷模"②，对推动城市民主建设具有重要意义。

（二）经济建设

抗战胜利后，共产党明确提出保护城市工商业的政策。1945年9月2日《中共中央关于新解放城市工作的指示》指出：属于敌伪财产可以搬运，属于私人企业则要购买，原属私人而被敌伪没收者，按具体情况或搬或买，英美投资的重要企业则不应破坏，应与其洽商或买或捐不加强迫③。10月5日中共中央转发的《关于新解放区城市政策和群众工作的指示》指出："进入城镇以后，必须坚决地执行城市政策……保护城市工商业，保护城市贫民，绝对不准侵犯城市贫民利益……不准随便没收

---

①《刘秀峰在张家口市首届参议会上的闭幕词》，《晋察冀日报》1946年5月13日，第1版。

②中共河北省委党史研究室编：《晋察冀解放区首府张家口》综述，中共党史出版社，1996年，第6页。

③《建党以来重要文献选编（1921—1949）》第22册，中央文献出版社，2011年，第673页。

汉奸财产，必须经过地方政权调查确实之后，才由政府确定没收。"① 根据党中央的指示，和平民主建设时期，解放区城市大都采取了保护和发展工商业的措施，少数城市呈现经济繁荣态势。但是，由于战争的影响，多数城市的经济建设成绩差强人意。东北经济建设相对较好的城市只有哈尔滨，但为保障战争也带有很强的军事色彩②。

在晋察冀控制的几所较大城市中：集宁（后属晋绥区）因国共军事拉锯，数易其主，1946年1月解放军再克集宁城后开展了减租清算运动，架设了环城电网等，直至9月再度失守③；赤峰在商业上废除了苛捐杂税，市面逐渐繁荣④，但因靠近东北又是热河的前哨，国民党军虎视眈眈，"蒋介石的刀剑正严重的障碍工商业的发展及新赤峰的再建"⑤，赤峰的军事战备远多于经济建设；在承

---

① 《中国人民解放军通鉴》编辑委员会编：《中国人民解放军通鉴（1927—1996）》，甘肃人民出版社，1997年，第1115页。

② （美）斯特朗：《中国人征服中国》，北京出版社，1984年，第143—147页。

③ 《集宁市志》上，内蒙古文化出版社，2006年，第18—22页。

④ 秋浦：《赤峰解放前后》，载晋察冀日报史研究会编：《〈晋察冀日报〉通讯全集》1946年卷上，中共党史出版社，2012年，第182—186页。

⑤ 秋浦：《赤峰新面貌》，载晋察冀日报史研究会编：《〈晋察冀日报〉通讯全集》1946年卷中，中共党史出版社，2012年，第1134页。

德，民主政府实行社会救济，恢复和发展生产，颁布贸易自由政策并对个体工商业给予贷款扶持，实现了市场的初步繁荣，商户和摊贩曾发展到4550家[1]，但随着两次承德保卫战的打响及国民党军的挑衅，我军在承德转入与国民党军的军事对峙状态[2]，经济建设并未取得更大成绩。不过，晋察冀边区首府张家口获得相对安宁，并取得一些经济建设的成就。同时，张家口的经济建设又多了一层深意，即"张家口试验"。"共产党的领导强调他们缺乏管理城市（这里主要指经济建设——注）的经验。他们经常谈到，张家口的经验将帮助他们确定农村干部是否能在城里有效地开展工作。"[3] "安排这样一个具有相当规模的私人企业的中等城市的生活，尚是共产党的第一次尝试。"[4]

---

① 邓一民主编：《热河革命史大事记（1919—1955）》，文化艺术出版社，1988年，第176页。

② 中共承德市委党史研究室：《中国共产党承德历史》第1卷，中央文献出版社，2006年，第262、277—284页。

③（美）胡素珊（Suzanne Pepper）著，启蒙编译所译：《中国的内战：1945—1949年的政治斗争》，当代中国出版社，2014年，第293页。

④（美）斯特朗：《中国人征服中国》，北京出版社，1984年，第135页。

其一，工商业。

抗战前，张家口是察哈尔和绥远一带重要的工商业城市。日寇侵占张家口后，在经济上实行掠夺政策，把张家口变成蒙疆地区掠夺原料、销售商品、输出资本的中心。抗战末，张家口民族工商业在日伪统治下受到严重摧残，工厂倒闭，商业萧条，工人、店员大批失业。张家口光复后，边区政府立即摧毁了敌伪工商业的各种组织，打碎了束缚民族工商业发展的各种枷锁。没收日伪的土地、房屋、建筑、工厂及各种物资，实行保护民族工商业和私人资本主义的政策，施行贸易自由，废除苛捐杂税[①]，"组建了一个由宋劭文领导的市民管理委员会"[②]。斯特朗访问张家口时也由宋负责接待，宋向其介绍了鼓励私营企业的原因："我们需要各种形式的生产，国家经营、集体经营和私人经营的都要。我们的目的是消除封建制度在资本主义发展道路上设置的障碍，让资本主义得以繁荣发展。"[③]

[①]《张家口的市政建设——杨春甫在张家口市首届参议会上的市政工作报告（摘要）》，《晋察冀日报》1946年5月15日，第1版。

[②]（美）胡素珊（Suzanne Pepper）著，启蒙编译所译：《中国的内战：1945—1949年的政治斗争》，当代中国出版社，2014年，第293—294页。

[③]（美）斯特朗：《中国人征服中国》，北京出版社，1984年，第137页。

宋讲的"资本主义"指新民主主义经济（不包括垄断资本主义经济），私营工商业在此时的国民经济中占有很大的比例。为此，民主政府一方面主张改善工人、店员的待遇，一方面也保护企业主的正当盈利。对劳资纠纷，本着积极的态度进行调解，使劳资双方在发展生产中都得到好处①，因而"在上海的许多工厂发生的罢工和怠工现象并没有在张家口出现"②。"国共两党停战命令颁布后，张家口大小商人都坚信在民主政府贸易自由的政策下，张家口将会更加繁荣。"③民主政府也提出政治要求："城市的中心问题为发展工商业，要求政权干部都必须抓住这一重要环节。"④1945 年 11 月，延安《解放日

---

① 胡素珊认为，照顾所有人的利益是中国共产党在 1945—1946 年城市经济问题上所犯的错误。（《中国的内战：1945—1949 年的政治斗争》，当代中国出版社，2014 年，第 338 页）据陈用文回忆，刘少奇也认为接管张家口时为了同国民党争工人，实行高工资、高福利，是错误的。（陈用文：《接管城市政策的转折》，《中共党史资料》第 76 辑，中共党史出版社，2000 年，第 30 页）斯特朗也曾回忆：在经济问题上，共产党人在张家口犯了过于自信的错误。（斯特朗：《中国人征服中国》，北京出版社，1984 年，第 138 页）

② （美）胡素珊（Suzanne Pepper）著，启蒙编译所译：《中国的内战：1945—1949 年的政治斗争》，当代中国出版社，2014 年，第 295 页。

③ 中共张家口市委党史研究室：《中共张家口地方史》第 1 卷，中共党史出版社，2001 年，第 295 页。

④《目前张市中心工作 废除甲牌改建街村政权 组织商联会繁荣市面》，《晋察冀日报》1945 年 11 月 12 日，第 2 版。

报》赞誉："张家口已是一个相当繁华的都市了。"①《密勒氏评论报》认为："张家口走向繁荣……自由民主的经济政策在这里开花结果。"②

同时，张家口周边各县城的工商业也得到恢复和发展。宝昌镇恢复了酿造、榨油、磨面制粉、皮毛加工、农具修造、铁业等各种手工业。畜牧、土特产交易也迅速得到发展，在西围子设有骡马市场③，"全县商业集中地的宝昌城及平定堡，在正确的自由贸易政策下，已一改过去的冷落景象，日趋繁荣，物价也随之渐趋平稳"④。多伦"很快使城镇经济摆脱了萧条状态，工商业发展了，蒙汉贸易活跃了，农贸市场得到了初步繁荣"⑤。至1946年7月"商号摊贩增至820家，旅蒙'旗行'增至266

①《张家口通讯：今日的张家口》，《解放日报》1945年11月30日，第3版。

②《张家口走向繁荣》，《新华日报》1946年8月22日，第4版。

③ 中共张家口地委党史办公室编：《张家口地区党史资料选编》第三集，1986年，第106页。

④ 秋浦：《宝昌沽源解放前后》，载晋察冀日报史研究会编：《〈晋察冀日报〉通讯全集》1945年卷下，中共党史出版社，2012年，第930页。

⑤ 多伦县档案史志局编：《中国共产党多伦县历史》第1卷，内蒙古文化出版社，2011年，第62页。

家，经常参加运输之畜力共有牛 300 余头"①。在张北，
"全城的工人纷纷组织起工会。如汽车、邮电、毛织、亚
麻、木匠、铁匠、泥瓦匠、理发、裁缝、磨房、油房等
各行各业都有工会……领导工人开展了增加工资和改善
工人生活的斗争，普遍取得了胜利……全县的商业出现
了十多年没有过的繁荣现象"②。在民主察哈尔省会宣化，
1946 年 8 月城内的私营工商 28 个行业中新增店铺 210
家③，工商业前所未有地繁盛起来。

其二，金融业。

抗战期间，日伪蒙疆政府曾设立蒙疆银行，"总行在
张家口鼓楼西街，在大同、归绥、北平等 15 个城市设
有分行"④。张家口成为日寇奴役察、绥地区蒙汉人民的
"金融中心"。1945 年 8 月，晋察冀边区银行主要干部赶
赴张家口接管并重组了日伪蒙疆银行⑤。"对伪行职工，采

---

① 剑琴、袁键:《塞上名城多伦市的今昔》，载晋察冀日报史研
究会编:《〈晋察冀日报〉通讯全集》1946 年卷中，中共党史出版社，
2012 年，第 1016 页。

② 张北县政协文史资料委员会编:《张北抗日文史资料——纪
念抗日战争胜利七十周年》，张北县政协，2015 年，第 145 页。

③《宣化县志》，河北人民出版社，1993 年，第 472 页。

④ 张宪文等主编:《中华民国史大辞典》，江苏古籍出版社，
2001 年，第 1796 页。

⑤ 河北金融研究所编:《晋察冀边区银行》，中国金融出版社，
1988 年，第 15 页。

取了来者欢迎的态度。来者基本上各就原位，原来做什么的还做什么。并对他们持以信任的态度……实践证明这一做法是正确的。"① 在张家口重组的晋察冀边区银行制定了金融方面的若干政策（见表 3-3②），为区域内的城市金融工作奠定了良好基础。张家口工商业取得发展就得益于晋察冀边区银行采取了正确的金融政策。

表 3-3　1945—1946 年晋察冀边区银行的金融政策一览表

序号	政策名称	发布时间	发布者	主要内容
1	《关于禁止白洋行使的决定》	1945.10.13	晋察冀边区行政委员会	一律禁止白洋（即银元）的行使，但私人保存不加限制，违反规定情节严重者以扰乱金融罪处理
2	《晋察冀边区银行通告》	1946.5.18（总业汇字第 242 号）	晋察冀边区银行	为适应解放区经济发展的迫切需要，更有效地调剂社员资金，稳定金融，改订存款利率
3	《晋察冀边区杂钞管理办法》	1946.5.25	晋察冀边区行政委员会	为贯彻边币一元化，肃清境内各种杂钞，稳定金融
4	《晋察冀边区银行没收假边币办法》	1946.5.27	晋察冀边区银行	为巩固边币信用，减少群众损失，杜绝流弊，发现假边币时悉数没收，分行建立没收假币账

---

① 中国人民银行河北省分行编:《回忆晋察冀边区银行》，河北人民出版社，1988 年，第 67 页。

② 根据河北金融研究所编《晋察冀边区银行》（中国金融出版社，1988 年，第 71—82 页）制定，部分金融政策以晋察冀边区行政委员会名义发布。

序号	政策名称	发布时间	发布者	主要内容
5	《晋察冀边区银钱业组织管理办法》	1946.6.17	晋察冀边区行政委员会	为扶植银钱业的发展，使其起调剂社会金融、辅助工农商业发展的作用特别制定
6	《晋察冀边区银行通告》	1946.8.15（总业汇字第375号）	晋察冀边区银行	因外来金融波动蔓及边区，奸商贪图厚利进行金融投机，为稳定金融物价，保护群众利益，安定人民生活，特制定本办法
7	《为通知执行生金银管理办法》	总业汇字第393号	晋察冀边区银行	因时局不稳，价格波动，为禁止金银私相买卖，先在若干点线上实行
8	《1946年关于肃清银元的意见》	1946年	晋察冀边区银行	总结了晋北1942年开始打击银元的失败教训，指出坚持边币一元化与打击银元是相互依辅的，并提出了具体办法

通过上表可见，晋察冀边区银行在稳定金融、提升边币信用、保护群众利益等方面发挥了重要作用：一是坚持边币一元化政策的同时又禁止银元流通，为解放区经济发展奠定了货币基础；二是出台金融公告与决定，以打击投机倒把与使用假币；三是总结了金融工作的经验教训，为今后城市金融工作奠定了基础。例如，《1946年关于肃清银元的意见》指出："新解放区因经济工作差，边币基础未稳，可采用银边同流的办法（即明禁暗

不禁）使边币在行政力量及贸易合作事业开展支持下，站稳脚跟，在同流中增加边币比重及地位，逐渐动摇银元本位，代之实行边币本位，再用收买银元办法肃清之。"① 这对新解放区的金融工作有很大启发。

晋察冀边区银行除制定金融政策外，在张家口还开展了多项金融工作②：一是贷款工作。为发展张家口工商业，边区银行遵照相关政策多次贷款给私营商号、旅蒙商、有生产能力的贫困户（无生产能力则进行救助③），对繁荣出入口贸易等有着积极的促进作用。二是与伪币的斗争。根据《关于伪蒙疆钞票的处理问题的指示》④（1945 年 12 月 19 日）、《晋察冀边区杂钞管理办法》⑤（1946 年 5 月 25 日）等，采取法定通货、买卖计价、订定契约均以边币为准的措施，使边币独占张家口通货市

---

① 河北金融研究所编：《晋察冀边区银行》，中国金融出版社，1988 年，第 82 页。

② 河北金融研究所编：《晋察冀边区银行》，中国金融出版社，1988 年，第 176—179 页。

③ 张家口市政府：《关于当前救济工作的几个问题的解决》（1946 年 4 月 28 日），张家口市档案馆，卷宗号 18-1-16。

④ 晋察冀边区行政委员会：《关于伪蒙疆钞票的处理问题的指示》（1945 年 12 月 19 日），张家口市档案馆，卷宗号革 1-1-52。

⑤ 华北解放区财政经济史资料选编编辑组等编：《华北解放区财政经济史资料选编（第 2 辑）》，中国财政经济出版社，1996 年，第 20 页。

场。三是监管银号。为协助工商业发展，张家口成立了银钱业联合会，恢复和成立了六家私营银号，均由边区银行监管且制定了《晋察冀边区银钱业组织管理办法》①（1946年6月17日）。各号生机勃勃，按规定交纳税额，很少有非法盈利②。如此，这些金融政策推动了张家口的经济发展。

其三，合作社与工会。

根据地曾实施的合作社制度也纳入城市经济建设当中。合作社在张家口光复之初已有所发展，1945年10月建立了大众合作社（张家口光复后创办的第一个供销合作社）③。1946年，在张家口市政府的号召下，工厂、学校、街道、农村的群众开始组织生产和消费合作社，承德回民合作社还在张家口建有分社④。此间，张家口市"成立了大约100个生产者和消费者合作社，工人和其他人可以向这些合作社寻求帮助，减轻通货膨胀带来的伤害。在国民党

---

① 《华北解放区财政经济史资料选编》第2辑，中国财政经济出版社，1996年，第21—22页。

② 河北金融研究所编：《晋察冀边区银行》，中国金融出版社，1988年，第71—82、176—179页。

③ 河北省地方志编纂委员会编：《河北省志：供销合作社志》第45卷，河北人民出版社，1994年，第24页。

④ 赵庆溶、张满：《承德市解放后第一个回民合作社》，载《承德文史文库》卷2，中国文史出版社，1998年，第468页。

控制的城市，猖獗的投机活动使通胀更加恶化，合作社有效地遏止了这种行为"①。张家口的合作社在保障供给、支持战争、发展经济等方面都发挥了重要作用。

同时，工会对推动城市经济建设也起了很大作用。"和日战区的大多数城市一样，张家口的许多工厂和车间都有共产党的地下党员和干部。日本投降后，为了厂房和机器，这些干部立刻将工人组织成护厂小组。据说，张家口的第一个工会是在 8 月 23 日，也就是共产党军队完全占领该市 5 天之前成立的。"②1945 年底，张家口市总工会正式宣告成立，全市各区、各工厂也都建立了工会组织。"新的工会很快开始对所有的斗争运动进行指导管理。在那些建立了工会的工厂或企业中，工人们会选出一个工会委员会，代表全体工人和管理层进行集体劳资谈判。"③工人的工资和福利获得保障后，生产和经营的

---

①（美）胡素珊（Suzanne Pepper）著，启蒙编译所译:《中国的内战：1945—1949 年的政治斗争》，当代中国出版社，2014 年，第 304 页。

②（美）胡素珊（Suzanne Pepper）著，启蒙编译所译:《中国的内战：1945—1949 年的政治斗争》，当代中国出版社，2014 年，第 295 页。

③（美）胡素珊（Suzanne Pepper）著，启蒙编译所译:《中国的内战：1945—1949 年的政治斗争》，当代中国出版社，2014 年，第 296 页。

积极性提高，进而推动了城市经济的发展。民主察哈尔省成立后，察省总工会随之建立。"在省总工会领导下，察省各地工人蓬勃开展了清算复仇、护厂自卫、复工复业等运动。"①可见，工会的建立对城市的经济建设起到了重要的促进作用。

总之，中国共产党领导张家口在新民主主义经济建设上取得巨大成就，受到国内外的称赞。日本《民主报》曾指出："中国共产党在张家口所取得的成就显示着他们将来有资格管理中国，中国工业界不少领袖对共产党治理下的第一个现代化工业城市（指张家口——注）寄以极大的希望，而中共也确不负他们的希望，正在有计划地建设这个被国民党所遗弃的城市。现在已有84%的大工厂开工生产，生产情况迅速超过了日本占有这些工厂的时候。"②

（三）文教事业

发展文教事业是城市的重要功能与职责。晋察冀边区各大中城市多在1937年前后沦陷，日伪随后在城市内

---

① 张家口市总工会工运研究室：《察哈尔省工会组织史资料》，《河北工运史研究》1988年第1期，第16页。

② 中共张家口市委党史研究室：《中共张家口地方史》第1卷，中共党史出版社，2001年，第286页。

实施奴化教育，"只要日语说的好，能得日本人的欢心，在毕业以后，便可以在敌伪机关里得到一个职位"①。经过八年甚至更长时间的奴化教育，对学生毒害之深、危害之大可见一斑。抗战胜利后，晋察冀边区坚决而有步骤地扫除奴化教育，根治封建、法西斯文化，大力发展民族的科学的大众的新民主主义文化，施行民办、公助、普及的教育方针。随着根据地各级各类学校及文教工作者迁入城市，根除奴化教育"遗毒"的效果更加明显。

以承德为例，市政府和主管教育部门主抓了四项工作：一是实行解放区新式教育，传授文化知识与新民主主义思想并重，宣传党的政策，提高学生思想觉悟；二是改组、合并一些学校并加强学校领导，选拔一批中共干部担任学校校长或领导职务；三是发展成人教育，创建冀热辽建国学院，办学过程格外重视开展思想政治教育，同时开办各类业余学校，动员、鼓励成人参加，搭建了改造思想的平台；四是开展新民主主义文艺活动，排演《兄妹开荒》《夫妻识字》等革命剧目，特别是《白毛女》的上演，使广大干部群众受到了深刻的阶级

---

① 王谦主编：《晋察冀边区教育资料选编》（干部教育分册下），河北教育出版社，1990年，第50页。

教育①。

晋察冀边区其他城市在肃清奴化教育工作中大都采用如上方式。张家口除对奴化教育加以肃清、根除外，还成就了"文化城"的美誉。张家口光复后，晋察冀边区文联等文化团体随党政军机关一道迁入这个城市。是年冬天，延安大批作家、艺术家经长途跋涉来到察哈尔省，大部分人准备去平津和东北工作，由于国民党军进攻承德，国内形势骤变而云集张家口就地开展文艺活动。1946年春，张家口文坛立刻呈现出前所未有的繁荣景象，成为解放区的文化中心。美国记者柯来说："张市已成文化城。"②

第一，新闻出版方兴日盛。张家口光复第二天，八路军新闻记者团的主要成员即接管了伪蒙疆放送局，张家口新华广播电台成立，随即播报了党的城市政策以安定人心。之后，"张家口台"不仅设有新闻、评论、政策法令等精品栏目，还定期转播"延安台"内容，1946年又开辟了英语、粤语广播频道，英语广播由美国友人李

① 中共承德市委党史研究室：《中国共产党承德历史》第1卷，中央文献出版社，2006年，第269—270页。
② 《张市已成文化城》，《解放日报》1946年8月5日，第2版。

敦白协助建立①。由于机器功率大，党的政策通过张家口台传至全国乃至东南亚。刘善本驾机飞延安，也是根据张家口台的信号定位才得以成功②。1945年11月初，毛泽东视察延安台时，利用广播亲自与张家口台的负责人通话，勉励张家口台的全体人员努力做好广播工作，为全国人民服务，号召大家提高警惕，准备对付蒋介石发动的内战③。此时的张家口台是党和人民的重要"喉舌"，还是中央人民广播电台的前身之一。同时，由于环境稳定，加之城市优越的工作条件，张家口出版事业蒸蒸日上。晋察冀日报社是解放区出版工作的中心，1945年8月至1946年10月，因"接管了敌伪的印刷厂，印刷条件、工作条件相对好转，报社规模扩大，报纸和图书杂志的出版发行量有了突飞猛进的发展"④。这一年，"是广泛宣传马列主义、毛泽东思想的一年，也是出版发行工

---

① 李敦白口述：《我是一个中国的美国人——李敦白口述历史》，九州出版社，2014年，第63页。

② 王文华：《张家口新华广播电台始末》，载中共河北省委党史研究室编：《晋察冀解放区首府张家口》，中共党史出版社，1996年，第603页。

③ 中国社会科学院新闻研究所编：《毛泽东新闻理论研究》，湖南人民出版社，1984年，第348页。

④ 《中国共产党晋察冀边区出版史》，河北人民出版社，1991年，第38页。

作飞跃发展的一年"①。

第二，文艺创作又好又多。1946年，中华全国文艺协会张家口分会（简称张家口文协）成立②。张家口文协对繁荣张家口文艺活动作出了重要贡献，使张家口一度成为解放区文艺活动的中心。张家口文协出版的《长城文艺丛书》《解放区短篇创作选》等，在全国产生了广泛影响。郭沫若在《致陆定一》的信中热情称赞这些作家的笔力"已经突破了外边的水准，寂寞的中国创作界可以说不寂寞了"③。记者彭子冈赞誉："如果以人口和文化人来作比较，恐怕张垣是文化气息最浓厚的城市了，他们改变了中国知识分子传统的向上看的作风，他们的眼睛全是朝老百姓瞧着的。"④总之，大批作家艺术家纷至沓来，众多文艺团体风起云涌，各种文艺报纸、书刊创办出版，构成了张家口浓郁的文化氛围。尤其是革命文艺，既服务了革命战争，也在中国近代文学史上留下了光辉

①《中国共产党晋察冀边区出版史》，河北人民出版社，1991年，第102页。

②王剑清、冯健男主编：《晋察冀文艺史》，中国文联出版公司，1989年，第43页。

③范桥、夏小飞编：《二十世纪中国名人书信集·文情卷》，中国文联出版公司，1998年，第114页。

④原载天津大公报《张家口漫步》，载子冈著：《时代的回声》，黑龙江人民出版社，1984年，第100页。

业绩。

第三，教育事业突飞猛进。张家口作为晋察冀边区首府期间，"文教欣欣向荣"[1]，实现了在城市的稳定办学。张家口教育界坚决贯彻新民主主义教育方针，在短暂的一年多，迅速将张家口教育事业推向普及化，新民主主义教育体系逐步建立，培养了大批革命干部和各级各类人才。其中，中小学教育恢复和发展十分迅速。日伪占领时期，张家口市区内有24所小学[2]，在校学生6000余人[3]。抗战胜利后，到1946年4月30日，全市小学即增至45所，在校学生11097人[4]，其中高小16所，初小29所[5]。"如果加上儿童半日制学校人数，则小学生

---

[1]《美女记者柯来报道 张垣文教欣欣向荣》，《新华日报》1946年8月5日，第2版。

[2] 河北省晋察冀边区教育史编委会：《晋察冀边区教育资料选编（续集）》，北京师范大学出版社，1991年，第382页。1945年9月29日第2版，《晋察冀日报》载《自由了的张家口市的青年学生》一文所示日伪时期小学数为13所。

[3] 中共北京市委党史研究室：《张孟旭纪念文集》，中共党史出版社，2009年，第372页。

[4]《晋察冀边区现已开学制小学复兴建设计划需要物资补助表——现已开学的小学》，1946年4月30日造，载王谦主编：《晋察冀边区教育资料选编》初等教育分册，河北教育出版社，1990年，第161页。

[5]《晋察冀边区高初级小学及学生人数统计表》，载河北省晋察冀边区教育史编委会：《晋察冀边区教育资料选编（续集）》，北京师范大学出版社，1991年，第383页。

就学人数超过了敌伪时期的一倍以上。"[1] 同时，新中国众多名牌高校前身曾在张家口驻留过，如中国人民大学、北京理工大学、吉林大学白求恩医学部、中国医科大学等[2]。这些高校驻留张家口期间，办学理念由教育为抗战服务转向为国家建设服务。各高校规范了课程设置和学制、制定了年度培养计划、扩大了办学规模等，时间虽然短暂，但为中国革命和建设培养了大批人才，积累了在城市建设现代化高校的宝贵经验，还推动了解放区文教事业的发展。

自 1945 年 8 月至 1946 年 10 月，中共中央将张家口作为基本战略根据地，以此联结东北、西北、华北，是自卫战争中重要的军事战略通道，意义重大。第一，延安派出大批干部经张家口进入东北，张家口成为开辟东北根据地的前沿阵地。第二，张家口成立了（含迁入、新建、合组）诸多高等院校、专门学校及军政干部学校，培养了大批革命和建设人才，训练了大量军队（见

---

[1] 中共张家口市委党史研究室编：《张家口革命史话》，高等教育出版社，1990 年，第 170 页。

[2] 郎琦、张金辉、肖守库：《晋察冀边区首府张家口高等教育探研》，《河北师范大学学报（教科版）》，2016 年第 5 期，第 48—53 页。

表3-4①），为解放战争提供了部分人才保障。第三，张家口失守是国民党"假和平、真内战"的重要证据，让人民认清了谁是内战的发动者，也有效克服了和平麻痹思想，统一了观念，提升了凝聚力。总之，张家口作为晋察冀边区首府期间有着重要的政治、军事地位，在新民主主义革命史上留下了光辉的一页。

表 3-4　晋察冀边区首府张家口干部培养概况表

学校性质	学校名称	培养人数	备注
大专院校	华北联合大学	1000 人以上	不含附设干部训练所
	白求恩医科大学	200 人以上	不含原张家口医学院和迁出的中国医科大学的学生
	内蒙古军政学院	500 人以上	不含训练骑兵旅的人数
	晋察冀工业专门学校	200 人以上	
中等学校	冀察中学	500 多人	
	张家口市立中学	519 人	
	农科职业学校	200 多人	
	商科职业学校	200 人以上	
	冀察师范学校	300 人以上	

---

①　转引自贾巨才、郎琦著:《晋察冀边区首府张家口教育事业研究》，红旗出版社，2015年，第249页。此表根据《晋察冀日报》招生简章招生数量、各校学员回忆录、《晋察冀边区教育资料选编》《晋察冀边区教育资料选编（续集）》等文献进行整理。由于未能查阅各学校的学籍档案，本表数据统计是概括性的，并非十分精确，尚属保守估计。

学校性质	学校名称	培养人数	备注
干部学校	晋察冀军政干部学校	2000 人以上	不含训练的战斗部队
	冀察军政干部学校	1000 人以上	不含训练的战斗部队
	晋察冀行政干部学校	近 200 人	

（四）社会改造

社会改造指剔除旧社会黑暗的一面，建立文明的社会新秩序。抗战胜利后，共产党接管下的城市大都是满目疮痍，烟馆、妓院、舞厅比比皆是，赌徒、烟鬼、毒贩、乞丐、妓女四处游荡，社会改造的任务十分艰巨。胡素珊认为："在解决城市社会问题方面，最让人感到惊奇的是共产党对妓女、吸毒成瘾者、小偷以及其他'封建残余'的改造。"[1]1949 年毛泽东在党的七届二中全会上指出："我们不但要善于破坏一个旧世界，我们还将善于建设一个新世界。"[2] 实际上，自 1945 年日本投降后，

---

[1]（美）胡素珊（Suzanne Pepper）著，启蒙编译所译:《中国的内战：1945—1949 年的政治斗争》，当代中国出版社，2014 年，第 304 页。

[2]《建党以来重要文献选编（1921—1949）》第 26 册，中央文献出版社，2011 年，第 171 页。

中国共产党人在接管的城市中一直在做这方面的努力。

其一，取缔卖淫嫖娼。

在对社会丑恶现象的改造中，最艰难、最有代表性的就是取缔妓院，改造妓女。抗战胜利后，在共产党接管的城市中，东北城市的娼妓业最为严重。据载，1945年哈尔滨有妓女 3000—4000 人[①]，牡丹江有妓院 150 多处，妓女 1500 多人[②]；晋冀鲁豫边区首府邯郸解放前也"有妓院 20 余家，妓女 300 余人"[③]。

在晋察冀边区，张家口光复前的娼妓业最为严重，娼妓业的取缔工作也一直在进行。起初，民主政府并没有直接禁止卖淫，而是发起了宣传运动。政府宣布：所有妓女只要愿意，都可以自由离开妓院。但是，"许多妓女并不'珍惜'这一机会。只是在'长达数月耐心的工作'之后，政府才纠正了她们'长期扭曲的错误思想'。城市的妓女每周都要接受卫生检查，'耐心的工作'就是在检查期间进行的。所有卫生院都会专门设立一个谈天

---

① 李士良等著：《哈尔滨史略》上篇，黑龙江人民出版社，1994年，第370页。

② 中共牡丹江市委党史研究室编：《北疆旭日——牡丹江城市接管与社会改造》，黑龙江朝鲜民族出版社，2000年，第15页。

③ 中共邯郸市委党史研究室编：《中共邯郸党史专题资料选编》，河北人民出版社，1991年，第365页。

室，共产党会派出女干部，在谈天室和接受检查的妓女谈话，谈话可能单独进行，也可能召集成小组进行。干部会告诉她们，市政府会尽量协助她们返家，并帮她们寻找新的工作。与此同时，由于政府施加的社会压力，顾客们不敢上门，妓院的生意日益艰难"①。

通过强迫和说服手段相结合，张家口取缔娼妓业的成绩斐然。据统计，"日本投降时，张家口有妓女562人，到1946年秋天，当中的463人要么回了家，要么嫁了人，要么从事了其他职业"②。相较于北平的"美国军队野蛮横行，洋车拉他们随便上妓院"③，张家口在取缔娼妓业方面已有巨大的进步。但是，晋察冀边区娼妓业的取缔也存在着对妓女安置工作不实不细等问题，以致共产党撤离城市后还有一些妓女跑回城市，重操旧业，最后在新中国成立前后的城市接管中得到了有效解决。

---

①（美）胡素珊（Suzanne Pepper）著，启蒙编译所译：《中国的内战：1945—1949年的政治斗争》，当代中国出版社，2014年，第304页。

②（美）胡素珊（Suzanne Pepper）著，启蒙编译所译：《中国的内战：1945—1949年的政治斗争》，当代中国出版社，2014年，第304页。

③顾棣：《接管张家口日记》，载毛昭晰著：《我的1945——抗战胜利回忆录》，同济大学出版社，2017年，第235页。

其二，禁绝烟毒。

与取缔娼妓业相比，晋察冀边区政府在禁绝烟毒方面制定的政策则十分强硬。抗战时期，敌伪统治的热、察两省烟民甚多。"热河全省解放时共辖 27 个市、县、旗，人口 470 多万，烟民竟达 60 多万人（据 1941 年伪满时的统计），约占全省人口的 13%。"[1] "赤峰街内的烟馆沿街沿巷，随处可见，年销鸦片 51728 两，吸毒成瘾者 3000 余人，占总人口的 6% 以上。"[2] 在张家口，抗战胜利前市内有大烟馆 40 多家，全市有 1.7 万人染上烟毒，约占全市总人口的 12%[3]。

抗战胜利后，烟毒的危害引起党和政府的高度重视，开展大规模的禁烟运动已成为晋察冀边区的重要任务。边区成立了"晋察冀边区禁烟督查总局"，"就其性质来说，是一个行政管理机关，受边区政府领导。另外，它又是一个经济部门，因为在禁止吸食鸦片的同时，必须

---

[1] 孙升华：《热河省的戒烟禁毒工作》，载《承德文史文库》卷4，中国文史出版社，1998 年，第 248 页。

[2] 杨隽：《赤峰禁烟戒毒的历史情况》，载《红山文史》第 5辑，中国文史出版社，1993 年，第 51 页。

[3] 中共张家口市委党史研究室：《中共张家口地方史》第 1 卷，中共党史出版社，2001 年，第 316 页。

禁止种植、储存、买卖和流通"①。各市、县也同时成立了
"禁烟局"，层层抓禁烟戒毒工作。"晋察冀边区的许多城
镇都设立了禁烟中心。"②禁烟局成立后，多次"布告"群
众"上缴存烟，戒除烟毒"，并发动禁烟运动，在群众中
开展大规模的禁烟教育。同时，对鸦片实行禁种禁售，
停止烟馆营业，对市民的存烟则定价收买。

在热河，1945年11月人代会将开展戒烟禁毒工作
列为决议重要内容③。翌年3月，晋察冀边区行政委员会
发出《关于热河省当前禁烟工作的指示》（1946年3月5
日），指明了热河省禁烟工作的方针政策、工作方法等④。
热河省民主政府也颁发了禁烟公告，赤峰、承德等主要
城市开展了轰轰烈烈的禁烟运动，改造烟民取得一定
成效。

①郝振凯：《张家口第一次解放的禁烟工作》，载中共河北省
委党史研究室编：《晋察冀解放区首府张家口》，中共党史出版社，
1996年，第548页。

②（美）胡素珊（Suzanne Pepper）著，启蒙编译所译：《中国
的内战：1945—1949年的政治斗争》，当代中国出版社，2014年，
第305页。

③《河北文史资料》编辑部编辑：《河北文史资料》第38辑，
河北文史书店，1991年，第65页。

④《承德文史文库》编委会编：《承德文史文库》卷4，中国文
史出版社，1998年，第250—251页。

在张家口，民主政府多次颁布《关于禁烟的布告》①，要求烟民自动向政府报名登记，并许诺定价收买市民存有的烟土。同时，民主政府在大境门外建立戒烟医院，医疗费由政府开支。这些措施的实施，使张家口的禁烟工作收到成效。日伪统治时期，每年冬季都有贫苦烟民冻死饿死在街头，1945年冬季这种现象基本绝迹②。1946年3月18日，《晋察冀日报》登载了题为《张家口市禁烟运动已获成绩》③的评论文章，分述了禁烟运动的良好成绩。"1946年夏，张家口政府宣布，反鸦片运动取得了成功。在共产党控制的察哈尔及山西地区，这一运动帮助1/3的吸食者解除了烟瘾，并恢复了正常生活。"④但是，张家口光复初期，部分群众在坏分子煽动下哄抢了日伪烟土仓库，共产党执政一年多虽进行收买，但还有很多流入社会。国民党统治时期这部分鸦片被吸食消耗，导致

---

①《张家口市政府关于禁烟的布告》，《晋察冀日报》1946年1月1日，第1版。

②中共张家口地委党史办公室：《张家口地区党史资料选编》第三集，1986年，第39页。

③《张市禁烟运动已获成绩》，《晋察冀日报》1946年3月18日，第2版。

④（美）胡素珊（Suzanne Pepper）著，启蒙编译所译：《中国的内战：1945—1949年的政治斗争》，当代中国出版社，2014年，第305页。

烟民复增，直至新中国建立后 1952 年底才被彻底禁绝 ①。

其三，美化市容。

在日伪八年的反动统治中，张家口、承德两座省会城市肮脏破旧，市内垃圾成堆，粪便满地。抗战胜利后，两市的民主政府针对市容的脏、乱状况进行了专门整治。在承德，"市区内增设 100 个垃圾箱，购置 3 辆大车专门清理垃圾，而且在每个街道都设了 5 至 7 名清洁工人，负责马路街道的清扫。在市内增设 10 个公共厕所，共招收 30 名担粪工人专门负责清除粪便。同时还挖了污水坑，设了污水桶，等等。这些措施的实施，使全市的卫生面貌大为改观" ②。在张家口，1945 年 9 月起，民主政府动员和号召全市人民开展了大规模的群众卫生运动 ③。1946 年初张家口市政府颁布了《张家口市公安局为初步整顿市容的通告》④《张家口市政府关于整顿市容开展卫生

---

① 《河北文史资料》编辑部编辑：《河北文史资料》第 38 辑，河北文史书店，1991 年，第 70—75 页。

② 中共承德市委党史研究室：《中国共产党承德历史》第 1 卷，中央文献出版社，2006 年，第 272 页。

③ 《张家口的市政建设——杨春甫在张家口市首届参议会上的市政工作报告（摘要）》，《晋察冀日报》1946 年 5 月 15 日，第 1 版。

④ 《为初步整顿市容 市公安局发布通告》，《晋察冀日报》1946 年 1 月 16 日，第 2 版。

工作的通告》①等文件，开展了荡涤污垢、整顿街区、疏浚河流等工作②。经过全体市民的努力，"张家口——这昔日伪蒙疆污秽的集中地，而今已是一座崭新的城"③。

在市政建设方面，承德市"主要修筑了自来水堤坝约1.7万立方米；补修、重修武烈河堤坝部分地段；修补旱河堤坝总长度约8.6万米。还整修了马路、排水沟，基本上达到路面平整、畅通。为了保证全市的生产、生活用电，市政府及时组织工人抢修被洪水冲坏的电厂发动机房，维修了机器设备"④。在张家口，1945年11月边区政府颁布了《关于目前张家口市政建设工作的决定》⑤，为此，工人们克服了各种困难，修复了日伪溃退时破坏的市内桥梁、道路、下水道以及自来水供水系

①《晋察冀边区张家口市政府关于整顿市容开展卫生工作的通告》，《晋察冀日报》1946年1月15日，第2版。

②《联大修堤记》，《晋察冀日报》1946年5月6日，第3版。

③《崭新的城市——张家口》，《解放日报》1946年5月7日，第2版。

④中共承德市委党史研究室：《中国共产党承德历史》第1卷，中央文献出版社，2006年，第272页。

⑤《晋察冀边区行政委员会关于目前张家口市政建设工作的决定》（1945年11月6日），载中共河北省委党史研究室编：《晋察冀解放区首府张家口》，中共党史出版社，1996年，第82—84页。

统^①，由张家口通往承德、涞源、龙关、怀来、延庆、丰镇等地的六条公路也恢复通车。电业工人除修复了市内路灯电话外^②，还新建了长途电话线路"通达三十余个城市"^③。其中，电灯工人还赶到延安给毛主席安装电灯^④，成为一段佳话。

其四，监狱改革。

和平民主建设时期，"边区许多小的城镇，包括张家口，开始进行监狱改革"^⑤。与国民党对监狱的管理不同，共产党更加注重对犯人的思想改造和人性化管理。在张家口和宣化的两所监狱，"对于普通犯人，改革包括：给他们以人道主义对待、对监狱工厂的额外劳动发放津贴、进行政治教育、在小组讨论会中自我批评。这些犯人出

---

① 张家口市政府：《桥梁、工业建设》《下水道》《自来水》（1945 年 10 月），张家口市档案馆，卷宗号 18-1-2。

②《张垣市政建设猛进，路灯修复电话全通》，《晋察冀日报》1946 年 1 月 22 日，第 2 版。

③《张市解放一年建设成绩辉煌》，《冀中导报》1946 年 9 月 6 日，第 4 版。

④《电灯工人会见毛主席》，《解放日报》1946 年 11 月 13 日，第 2 版。

⑤（美）胡素珊（Suzanne Pepper）著，启蒙编译所译：《中国的内战：1945—1949 年的政治斗争》，当代中国出版社，2014 年，第 305 页。

狱后，政府同样会为他们提供就业帮助"①。对于监狱改革的成效，诸多材料都会不约而同地提到一个典型犯人：小山东。小山东是一个孤儿，在旧社会走上偷盗、吸大烟的"不归路"，共产党接管张家口后他被判刑一年。在监狱中，小山东积极改造并于1946年春提前几个月释放。在政府的帮助下他还被任命为一名监狱看守②。斯特朗参观张家口监狱后认为："小山东现在是新社会法治的成功典型，可以现身说法。"③

对于晋察冀边区的监狱，北平学生参观团曾专门实地考察。1945年冬至1946年暑假，为揭穿国民党的宣传欺骗，中共北平地下党曾多次组织北平各大高校、中学、师范的学生到解放区新型城市张家口参观，形成一股热潮。"青年们在张家口参观军队、政府机构以及铁路局、合作社、学校、法院、监狱、社会福利院，观看文

①（美）胡素珊（Suzanne Pepper）著，启蒙编译所译：《中国的内战：1945—1949年的政治斗争》，当代中国出版社，2014年，第305页。

②（美）胡素珊（Suzanne Pepper）著，启蒙编译所译：《中国的内战：1945—1949年的政治斗争》，当代中国出版社，2014年，第305页。

③（美）斯特朗：《中国人征服中国》，北京出版社，1984年，第177页。

艺演出，与劳动模范座谈，全面了解解放区的情况。"① 对于监狱，参观团的一名学生曾这样说道："听到了监狱的名字，使我们想到一个可怕的黑暗的地方。今日到了张家口市监狱，这里好像一个小型的团体，他们的生活同自由的市民一样，不过只是受着一定的限制。在张家口，监狱不是监狱，而是一个教育感化的机关。"② 新华社察哈尔分社记者戈焰参观宣化监狱后写道："今天，我一踏进宣化市监狱，印象就完全变了，那是一种学校的感觉了，从未想到这是监狱。在民主政府宽大政策的感召下，犯人们不仅没有受到丝毫酷刑拷问，而且许多犯人真正被改造过来。"③ 可见，张家口、宣化等城市的监狱经过改革，不再是镇压人民的狰狞可怕的场所，而是为人民伸张正义、教育坏分子的学校。

综上所述，抗战胜利后至全面内战爆发前是中共城市接管与建设工作的重要实践期。此时，共产党抓住和

---

① 中共北京市委党史研究室著:《中国共产党北京历史》第 1 卷，北京出版社，2011 年，第 410 页。

② 程海洲:《记张家口市监狱》，载晋察冀日报史研究会编:《〈晋察冀日报〉通讯全集》1946 年卷上，中共党史出版社，2012 年，第 858—862 页。

③ 戈焰:《宣化市监狱访问记》，载晋察冀日报史研究会编:《〈晋察冀日报〉通讯全集》1946 年卷上，中共党史出版社，2012 年，第 1395—1397 页。

平机遇对解放区的城市进行接管、改造与建设，取得了重大成就，积累了经验教训，在一定程度上奠定了中共城市接管的理论与实践基础，成为新中国城市建设的先声。其中，晋察冀边区的张家口、承德、赤峰等较大城市及周边诸多县城，为党的城市接管与建设工作提供了重要的"试验田"。在1945年至1946年，"随着战局的发展，在所有的地方，共产党开始实行在张家口采取的城市政策，保护私人财产、促进贸易和生产……1947年的劳工政策……所有这些规定的雏形，在共产党占据张家口时期就已经出现了。"① 晋察冀边区的共产党人在这期间积累了接管省会级较大城市的经验②。

---

① （美）胡素珊（Suzanne Pepper）著，启蒙编译所译：《中国的内战：1945—1949年的政治斗争》，当代中国出版社，2014年，第306页。

② 郎琦著：《中国共产党城市接管与建设工作研究（1945—1946）》，红旗出版社，2016年，第9—13页。

第四章
内战爆发初期晋察冀边区
城市工作遭受的挫折

　　1946 年全面内战爆发前，解放区共有县级以上城市 464 座[①]，晋察冀拥有 96 座[②]。在最初的 4 个月里，"国民党军队占领了解放区县以上城市 153 座，其中包括张家口、淮阴、菏泽、集宁、承德、安东（今丹东）这样一些解放区的中心城市。解放军方面，则收复和攻占了 48 座县城，得失相较，解放区损失 105 座城市"[③]。其中，张家口、承德均属晋察冀边区，集宁亦属晋察冀部队重点布防城市。1946 年 10 月 11 日国民党军占领张家口后，"被'胜利'冲昏头脑的蒋介石，随即于当天下午下令

---

　　① 中央档案馆编：《中共中央文件选集》第 17 册，中共中央党校出版社，1992 年，第 374 页。

　　② 军事科学院军事历史研究部编著：《中国人民解放军全国解放战争史》第 2 卷，军事科学出版社，1996 年，第 103 页。

　　③《中国共产党历史（1921—1949）》第一卷下册，中共党史出版社，2011 年，第 718 页。

于 11 月 12 日召开'国民大会'"①。同时，抗战胜利初期国民党"为接收而设立的行政机构混乱不堪，没有能力履行相应的任务。由于缺少恰当的制度约束，在机构中做事的人无法出淤泥而不染。当接收官员——文官也好，武官也好——争先恐后地为自己攫取日伪所有或占领的财产时，腐败真的达到了前所未有的程度"②。国民党得地失人，共产党失地得人，解放战争朝着有利于人民的方向发展。但是，对于晋察冀而言，城市工作无疑遭受了巨大挫折：不仅区域内的中心城市丧失殆尽，绝大部分县城也失守，解放军被迫撤至农村，直至 1948 年才扭转了被动局面。

一、晋察冀部队的整编与复员

晋察冀边区城市工作的挫折与 1946 年军区部队的整编和复原有直接关系。1946 年国共协议停战后，中共中央曾提出"和平民主新阶段"口号。"'和平民主新阶段'不是幻想。当时中国政治形势存在着出现革命和平发展

---

①《中国共产党历史（1921—1949）》第一卷下册，中共党史出版社，2011 年，第 724 页。

②（美）胡素珊（Suzanne Pepper）著，启蒙编译所译：《中国的内战：1945—1949 年的政治斗争》，当代中国出版社，2014 年，第 371—372 页。

的可能性。由于历史发展是曲折的，'和平民主新阶段'的局面昙花一现，但这个口号在当时所起的重要作用是应该肯定的。"① 因张家口是解放区的中心城市和晋察冀边区首府，和平问题受到国内外普遍关注。为了配合中共中央工作，晋察冀军区在张家口出台了大量军队复员文件并坚决贯彻执行。

（一）"整编与复员"的背景及结果

抗战胜利后，国民党军向热、察两地发动疯狂进攻，抢夺胜利果实。晋察冀军区多次要求"保卫热河、察哈尔"，主要领导干部也积极做形势与政策的报告，帮助干部群众纠正"抗战已经胜利，天下从此太平"的思想，动员广大市民为保卫城市而战。因而军区部队积极操练，未有懈怠；群众踊跃支前，捍卫家园。

聂荣臻回忆："从9月到11月，美国的大批军舰、飞机，把蒋介石的6个军、17个师，共15万军队运到了华北，在日伪军配合下，先后抢占了北平、天津、石家庄、保定、山海关等主要城市，成立了第十一战区……蒋介石的如意算盘是，上述三股力量，在他的北

① 白寿彝总主编；王桧林、郭大钧、鲁振祥主编：《中国通史第12卷 近代后编（1919—1949）》上册，上海人民出版社，2013年，第98页。

平行辕的统一指挥下，以张家口为主要目标，对我晋察冀解放区从东西两面进行夹击，占领热河、察哈尔两省，从而打开由陆路进入东北的通道，并切断我华北、东北、西北战略区的联系。"[①] 对此，中央军委制定了战略进攻方针，指示晋察冀、晋绥军区在张家口以西发起绥远（东）战役，反击傅作义部进犯的同时，解放绥远。但因客观上实力悬殊，战略进攻成为"以攻为守"的战略抵御[②]。虽是如此，这一战略进攻方针也极大减轻了张家口的军事压力，为察哈尔的和平民主建设提供了安全环境。热河方面，此时苏军尚未撤离，国共之间并没有发生大规模军事冲突。但苏军于1945年底开始陆续撤出热河后，翌年1—3月我军在承德还是进行了两次保卫战，迫使国民党军休战，热河全省暂时出现缓和局面。

同时，1945年10月10日国共双方达成《政府与中共代表会谈纪要》，即《双十协定》，给中国人民带来了和平、民主、团结的希望和曙光。1946年初《停战协定》签订后，国共双方开始了军队整编与裁军工作。国民党

---

① 《聂荣臻回忆录》，解放军出版社，2007年，第471页。

② 《中共晋察冀中央局：关于坚决保卫张家口与热察两省的决定（1945年12月25日）》，中国人民解放军档案馆藏，档号：311-Y-WS.W-1945-026-004。

迫于当时的政治压力以及过于庞大的军队带来的财政负担和运转不灵的实情，对其军队进行了一定的精简整编，这一过程也是裁弱留强、军事动员备战的过程。中共方面对复员整编也作出了若干规定，"1946年3月6日，中共中央发出关于精兵简政的指示……既可适应政治形势的需要，又可精兵简政……在中共中央的指示下达前后，中共各大区都召开了复员整编工作会议，颁发复员条例，组织复员委员会，进行复员工作"①。

但是，国民党六届二中全会实质上否定了《双十协定》，国内和平的政治形势陡然变化，中共军队的复员工作也因此未能按计划进行。不过，"在复员问题上，晋察冀却是一个例外，它不仅如数复员了三分之一，伤了部队的元气，而且早在三月一日中央局就根据中央指示精神作了关于复员工作的决定"②。从现有资料看（见表4-1③），晋察冀军区主力部队的复员人数远不止三分之一。

---

① 汪朝光著：《1945—1949：国共政争与中国命运》，社会科学文献出版社，2010年，第253—254页。

② 郑维山著：《从华北到西北：忆解放战争》，解放军出版社，1985年，第19—20页。

③ 据李景田主编的《中国共产党历史大辞典（1921—2011）·新民主主义革命时期》（中共中央党校出版社，2011年，第681页）和《中国人民解放军历史辞典》编委会编的《中国人民解放军历史辞典》（军事科学出版社，1990年，第209—210页）制定。

表 4-1　1945—1946 年晋察冀主力部队整编与复员工作一览表

1945.8—1945.12				
野战军称谓	领导人	下辖纵队	总兵力	作战任务
第一野战军	司令员兼政委：聂荣臻	冀中纵队、冀晋纵队及 2 个冀察纵队	18 万余人（一说 20 余万）	主要执行张家口周边（不含北部）地区的作战任务
第二野战军	司令员：萧克政委：罗瑞卿	第一纵队、热辽纵队、冀东纵队、冀察纵队、冀晋纵队、冀中纵队		主要执行热河、冀东方向的作战任务

1945 年 12 月 15 日，晋察冀第一野战军指挥机构撤销，第二野战军指挥机构与冀热辽军区机关合并，各野战纵队直属晋察冀军区指挥。

1946.3—1946.12			
野战军称谓	领导人	总兵力	备注
第一纵队	唐延杰、王平等	5.1 万余人	系晋冀鲁豫野战军调入
第二纵队	郭天民、刘道生		
第三纵队	杨成武、郑维山、胡耀邦等		
第四纵队	陈正湘、赵尔陆等		

1946 年 12 月，第一纵队奉命回归晋冀鲁豫军区建制，第二、第三、第四纵队进行了扩充，共 7.5 万余人。

　　通过上表可见，抗战胜利初期，为保卫边区全境及张家口、承德等主要城市，晋察冀军区各野战部队进行了初步整编，各纵队分属晋察冀第一、第二野战军，总兵力 20 万左右。针对此次整编，聂荣臻指出："在统一与集中的原则下，主力军必须整编，必须正规化，脱离游击队性质，进到我现有条件下的正规团，建立各种制度，严格军风军纪。"① 可见，1945年下半年，晋察冀军区始终保持着战斗状态。1946年国共停战后，尤其是同年3月承德保卫战结束后，晋察冀军区恪守停战协定，精兵简政，主力部队整编为四个纵队，总兵力下降至5.1万余人，复员人数超过三分之二。1946年9月张家口保卫战打响之时，晋察冀军区总兵力也未有增幅，直至年底才略有恢复。

（二）"整编与复员"的过程

在解放区，晋察冀军队复员时间最早。1946年2月16日，国共整军方案尚未最终达成，中共中央裁军指示也未发出，晋察冀致中共中央电文中已提及裁军事宜②。1946年3月1日，为实地考察停战协定执行情况，推动中国和平民主，周恩来、马歇尔、张治中和北平军事调处执行部叶剑英、罗伯逊、郑介民乘飞机抵达张家口

①《目前的时局与任务——聂荣臻在中共中央晋察冀局召开的干部大会上的讲话》（1945年10月2日），载中共河北省委党史研究室编：《晋察冀解放区首府张家口》，中共党史出版社，1996年，第47页。
②汪朝光著：《1945—1949：国共政争与中国命运》，社会科学文献出版社，2010年，第254页。

视察①。此时，晋察冀中央局发出《关于复员工作的决定》②，内述："为适应和平民主建设的新阶段，本边区进行抗日军政人员之大规模的复员，特根据政治协商会议通过之和平建国纲领第四项，第四、第五两款之规定制定本条例。"③此决定或许带有配合"张家口军事调处"的政治宣传意味，但晋察冀军区在该决定出台前后确实进行了较大规模的复员与裁军工作。据载，马歇尔对晋察冀军区在执行停战协议、制止内战方面所做的努力表示满意："这个成就应该归功于小组各代表诚恳的合作与张家口人民和军事长官聂司令员的诚恳协助。"④

军事三人委员会离开张家口后，复员工作仍有条不紊地进行着。1946年3月8日，晋察冀军区政治部发表《晋察冀军区告复员同志书》⑤，号召复员的同志要和地方同志及群众紧密团结，继续保持和发扬抗战中的光

①中共中央文献研究室编：《周恩来年谱1889—1949》下，中央文献出版社，2007年，第664页。

②历史文献社编选：《整军复员文献》，历史文献社，1946年，第27页。

③历史文献社编选：《整军复员文献》，历史文献社，1946年，第27页。

④《军事三人小组及调执部三委员昨莅张垣视察》，《晋察冀日报》1946年3月2日，第1版。

⑤《晋察冀军区告复员同志书》，《晋察冀日报》1946年3月8日，第1版。

荣传统，从事生产建设工作，成为民主中国的模范公民。3月15日，晋察冀边区行政委员会又出台了《晋察冀边区行政委员会关于复员工作的指示》①。这是"张家口军事调处"以来的第三份军队复员文件。该文件开篇即指出，"为了贯彻政治协商会议通过的和平建国纲领，适应和平民主建设的新阶段，决定在全边区进行抗日军政人员之大规模的复员"，同时强调"对复员人员的善后，是一个长期而又复杂的组织工作，各级干部一定要拿出很大的力量，来保证这一工作的胜利完成"②。

晋察冀军区的复员文件充分显示了中共方面的和平诚意。据《聂荣臻传》载："作战处长唐永健回忆说：是大打，还是和平？当时甘英等人由北平回到张家口，聂老总同他们谈话。他们提出意见，说北平国民党到处抓兵，补充军队，但在路上看到我军成批复员，这样合算吗？聂老总当时回答：大势所趋，非要和平。后来我也

① 《晋察冀边区行政委员会关于复员工作的指示》，《晋察冀日报》1946年3月15日，第1版。
② 《晋察冀边区行政委员会关于复员工作的指示》（1946年3月15日），载中共河北省委党史研究室编：《晋察冀解放区首府张家口》，中共党史出版社，1996年，第169—171页。

问过他，他说：'我也有矛盾，一面担心内战再起，一面也看到中央的决心很大……国民党军无法打下去。美国也不支持他打下去。那就按中央的决心办吧。'"① 可见，中共方面为实现国内和平做出很大努力，付出了巨大"牺牲"。

（三）"整编与复员"的影响

晋察冀军区的整编与复原工作是卓有成效的，有利于军队的正规化发展，减少了军费开支，在全国人民面前树立了"和平民主"的榜样。然而，裁军与复员伤了晋察冀军区主力部队元气，致使解放战争初期的军事战略布局陷入被动，过早失去了张家口这座解放区的中心城市。此结论之根据有三。

一是晋察冀军区的整编与复员更多是政治任务而非军事目的。郑维山回忆："中央之所以指示晋察冀率先复员三分之一，恐怕意在给全国树立一个复员整军的榜样，以事实使设在北平的军调部看到，我党执行整军方案是切实认真的。"② 可见，因当时张家口是离北平最近的解

<hr />

① 《聂荣臻传》编写组著：《聂荣臻传》，当代中国出版社，2006年，第237页。

② 郑维山著：《从华北到西北：忆解放战争》，解放军出版社，1985年，第20页。

放区城市，复员（裁军）为国际国内所瞩目，"三人委员会"又即将到张家口视察，为避免给国民党以污蔑口实，将内战"责任"落于己身，中共中央指示晋察冀必须发挥"示范"作用。

二是晋察冀军区军事领导人的回忆。晋察冀原副司令萧克回忆：1946 年 9 月 "在战争爆发前部队又复员太多，晋察冀军区当时复员转业了 10 万余人，战争一来，部队兵员不充实，这些都直接削弱了部队的战斗力"①。冀热辽军区司令员李运昌也回忆说："和平民主新阶段，对内战的危险估计不够。为此我给聂司令写了封信：减这么多人不行，国民党没有诚意。这影响了以后的战争进程。那一段有点失误。对解放战争初期作战不利，拳头不硬。"② 可见，整编与复员是晋察冀军区在全面内战初期作战不利的重要因素。

三是毛泽东对此作出过结论。1946 年 11 月，毛泽东在中共中央会议上指出："教育人民历来是我们党的任务，要一直坚持下去。现在究竟谁要打谁要和，人民

① 中共中央党史研究室编：《中共党史资料》第 39 辑，中共党史出版社，1991 年，第 66 页。
② 转引自《聂荣臻传》编写组著：《聂荣臻传》，当代中国出版社，2006 年，第 237 页。

已经知道了；美国政府的欺骗，人民也更清楚了。我们党本身也需要教育，也有一个教育过程。在复员的问题上我们就吃了亏，结果有些部队不充实，民兵也减少了。"[1] 可见，在 1946 年的军队复员问题上，中共军队的确吃了亏，从史实上看，晋察冀军区是"重灾区"。

总之，与国民政府"抢先抓丁、蓄意内战"相比，中共显示出极大的和平诚意，但客观上也造成了解放战争初期晋察冀军区军事斗争的不利局面。"党曾一度乐观地认为中国即将走上'和平民主建设的新阶段'，并积极准备参加政府并整编复员军队，但并没有陷入对和平民主的幻想，特别是在掌握人民武装和保存解放区这两个基本问题上坚持了正确立场。"[2]

二、晋察冀首府张家口的失守

1945 年底，晋察冀、晋绥两解放区联合发起的"战略进攻"，虽迫使傅作义部西撤，但并未从根本上消除张家口西面的威胁。在东面，承德、赤峰军事调处实质上

---

① 《建党以来重要文献选编（1921—1949）》第 23 册，中央文献出版社，2011 年，第 564 页。

② 中共中央党史研究室著：《中国共产党历史（1921—1949）》第一卷下册，中共党史出版社，2011 年，第 708 页。

形同虚设。"北平军调执行部先后向热河派出了两个执行小组：一个是赤峰第二执行小组，一个是承德第十一执行小组。"①承德方面在承德两次保卫战之间曾有过军事调处，但"两次保卫战之间"本身也说明了调处的滑稽与失败。在赤峰亦是打打谈谈，国民党军在谈判桌上捞不到好处就动用武力，遭到解放军强烈反击后又逼回到谈判桌②。1946年6月全面内战爆发后，8月27日承德失守，9月集宁战役爆发，军调小组撤出，9月14日国民党军占领集宁③,10月10日赤峰失守④。至此，晋察冀边区首府张家口东西两线已无屏障。1946年10月11日，傅作义部发动偷袭，占领张家口，察哈尔省会宣化市的各级党政军群组织也随之撤离。共产党人又重新回到农村老根据地，运用抗战时期的经验开展自卫战争，钳制敌军。

①中共承德市委党史研究室：《中国共产党承德历史》第1卷，中央文献出版社，2006年，第251页。

②马希：《"三人小组"在赤峰》，载《红山文史》第5辑，中国文史出版社，1993年，第91—92页。

③《集宁市志》上，内蒙古文化出版社，2006年，第22页。

④邓一民主编：《热河革命史大事记（1919—1955）》，文化艺术出版社，1988年，第175、178页。

（一）中共中央与晋察冀针对保卫张家口战役的电文往来

解放战争初期，张家口是联结西北、东北、华北的战略通道，也是晋察冀边区首府，保卫张家口战役的成败，关乎中共中央决策。周恩来曾指出，国民党军若占领张家口，意味着国共和平谈判的彻底决裂①。

从 1946 年 8 月 31 日至 10 月 12 日，党中央与晋察冀中央局针对"保卫察哈尔、保卫张家口"的电文往来密切（见表 4-2②），中央电文多为毛泽东起草。

---

① 1946 年 9 月，国民党开始进攻张家口。此时，"三人委员会"的中共代表周恩来仍旧与国民党代表进行着艰苦的"和谈"。在 9 月底至 10 月初的谈判中，张家口成为中心议题。周恩来指出："只有立即无限期停止进攻张家口才能避免全面破裂。"参见（1）中共代表团梅园新村纪念馆编：《国共谈判文献资料选辑 1945.8—1947.3》，江苏人民出版社，1980 年，第 399—400 页；（2）《周恩来军事文集》第 3 卷，人民出版社，1997 年，第 148、149、151、156、157、160 页；（3）《新华日报》10 月 3 日；（4）《建党以来重要文献选编（1921—1949）》第 23 册，中央文献出版社，2011 年，第 473、478 页。

② 根据以下文献制定：谢忠厚主编：《晋察冀边区革命史编年》（河北人民出版社，2007 年，第 808 页）；《毛泽东军事文集》（中央文献出版社，1993 年，第 451、487、488 页）；《张家口地区党史资料》（1992 年第 3 期，第 17 页）；中国人民解放军历史资料丛书编审委员会：《解放战争战略防御回忆史料》（解放军出版社，1994 年，第 517 页）；马祥林主编：《毛泽东点评国民党著名将领》（民主与建设出版社，2006 年，第 119 页）；《建党以来重要文献选编（1921—1949）》第 23 册（中央文献出版社，2011 年，第 484 页）。

表 4-2 1946 年中共中央在保卫张家口战役期间致晋察冀的电文

序号	时间	中央电文主旨（含晋察冀回电）
1	8.31	（一）杨（得志）苏（振华）纵队到延庆整训甚好，该部须补充新兵，每团充实到 2500 人作为突击力量（二）平北、平西各地构筑碉堡，以地方兵团加强防备，如敌进攻，坚决歼灭之，决不轻易放弃地方
2	9.2	张家口至南口沿线及延庆、龙关、怀来、涿鹿各县，须择要点建立堡垒，划定范围，指定地方兵团，屯集粮草，准备固守
3	9.3	死守多伦、沽源等地，敌进则坚决歼灭之
4	9.10	晋察冀察哈尔省军区电：康庄、怀来线完成第一线筑城，开始构筑下花园第二线阵地。延庆、龙关地带准备要口择重点筑堡
5	9.12	对加紧筑城甚慰，并要求在多伦、沽源方面择要筑堡。
6	9.16	晋察冀电：我在集宁附近歼傅作义部五千余而未消灭其主力，集宁十四日失守威胁大同攻城，故决心撤除对大同之围攻。根据平绥线将处于敌之严重进攻的情况，我已集结主力准备打击进攻之敌，保卫察哈尔。为配合主力保卫察哈尔，热河我军应牵制热河敌人，冀东应适时向平蓟以东活动，原定进行平汉战役之五个旅及各地武装应即准备向平汉线进占，冀中东部及十分区则在敌后破坏平津间之北宁路
7	9.17	晋察冀电：在敌东西夹击张家口情况下，我拟在敌人进攻时只进行掩护战斗，不作坚守
8	9.18	（一）十六日十八时、十七日十四时两电均悉。（二）我们同意你们十六日十八时电之精神，除各方布置外，集中主力于适当地区待敌分路前进，歼灭其一个师（两个团左右），得手后看情形如有可能，则再歼其一部，即可将敌第一次进攻打破。依南口至张家口之地形及群众条件，我事前进行充分准备，各个歼敌，打破此次进攻之可能性是存在的。此种歼敌计划是在保卫察哈尔之口号下进行动员，但以歼灭敌有生力量为主，不以保守个别地方为主，使主力行动自如，主动地寻找好打之敌作战。如届时敌数路密集不利于我，可以临时决定不打……胡军自被我歼灭一个旅后，即畏惧不敢冒进。希望你们聚精会神，充分准备，寻找良机歼敌一两个团。打第一个胜仗，即能振奋军心民心，打出威风。同时张家口应秘密进行疏散，准备于必要时放弃之，这种准备和积极布置歼敌计划并不矛盾

序号	时间	中央电文主旨（含晋察冀回电）
9	10.8	闻傅作义一部，窜至张北，必须立即击灭，巩固后方；傅作义还可能以一部东进，你们必须准备击退该敌
10	10.10	傅顽东进至多不过万人，你们应先在张家口设立坚固碉堡及防线派兵团固守，同时，组织机动兵团位于张垣附近不轻动，看清敌情后或在张家口近郊歼敌或外出歼敌免陷张北复辙
11	10.11	聂刘：傅顽远道奔袭，必轻装，且系孤军深入粮草弹药难多携带，平绥主道未通，追送亦甚困难。我张垣有两团兵力，不要全城防御，择重点坚守数据点，特别是坚固独立家屋，坚持数日是完全可能的，钳制傅军，集中张（宗逊）陈（正湘）两部主力，在野战各个歼灭傅顽，消灭其四五个团，该逆必退，如张垣已失，即在城南坚守数据点（如宁远堡、左卫），仍可打退傅顽，请酌决
12	10.12	我们方面一城一地之得失无关大局，主要任务是歼灭敌人有生力量。望本此方针鼓励士气，团结全党，完成中央给你们的神圣任务

通过上表可见，8月31日至9月12日，中央电文"敌进攻，坚决歼灭之，决不轻易放弃地方""择要点建立堡垒""屯集粮草，准备固守"等，均指示晋察冀在张家口周边诸县积极布防。察省军区上报中共中央布防情况后，中共中央复电"对加紧筑城甚慰"，明显有固守张家口的战略意图。9月16日至17日，随着集宁战役失利、大同撤围，晋察冀给中共中央派出两份电报。前电是关于保卫察哈尔、保卫张家口的军事部署汇报，后电

涉及了张家口"不做坚守"的请示。9月18日，毛泽东回电指出："同意你们十六日十八时电""打破此次进攻之可能性是存在的"。可见，毛泽东同意的是16日电文，而非"不做坚守"的电文。紧接着毛泽东对保卫察哈尔、保卫张家口做了必要的战略部署，并希望"打出威风"。胜败乃兵家常事，晋察冀有"不做坚守"的请示，因而毛泽东指出："这种准备和积极布置歼敌计划并不矛盾"。

由此推断，保卫张家口战役对这座城市而言有守住与守不住两种可能，之所以要进行保卫战，是要争取守住这座城市。以防万一需做疏散，但更要积极布防。10月8日，傅作义部偷袭张北，但中共中央似乎并不知晋察冀在张家口以北未部署主力部队，仍电示"你们必须准备击退该敌"。10月10日张家口敌情十万火急且晋察冀驻张家口的主力部队大部撤退，中共中央却电示："组织机动兵团位于张垣附近不轻动""在张家口近郊歼敌或外出歼敌免陷张北复辙"。10月11日晋察冀党政军全部撤离张家口，中央仍电示："在城南坚守数据点（如宁远堡、左卫），仍可打退傅顽。"字里行间透露出对张家口的重视程度，至少是不愿过早失去这座解放区的中心城市。换言之，中共中央自始至终均未让晋察冀"主动撤出张家口"，相反，"坚守""打退"的指示占据绝大多数。

张家口失守有很多客观因素，但军事部署的主观失误也是重要原因。聂荣臻也承认："我们对傅作义经丰镇、大同、阳高东进侧应怀来是有准备的，但对他从集宁、尚义（南壕堑）直插张北估计不足，所以，10 月 8 日傅作义得以占领大青沟和张北。"[1]据察北专署专员柴书林回忆，张北失守后，因无电台联络，他与察北地委代理书记梁正中亲赴张家口向聂荣臻和刘澜涛汇报，聂荣臻当即表示"要收复张北"，不久之后却又接到不打张北的通知[2]。由此推之，从张家口撤退的最终决策是在张北失守后作出的。郑维山也说："张家口就是在敌情发生出乎意料的变化的情况下弃守的。"[3]可见，张家口弃守一是较为匆忙，二是被迫撤出。10 月 12 日电文即著名的《张家口失陷后晋察冀部队的作战方针》，既是党中央高瞻远瞩的战略安排，也可以看作对晋察冀的鼓励，该电文亦

---

[1]《聂荣臻回忆录》，解放军出版社，2007 年，第 506 页。

[2]柴书林：《我在察北的回顾》，载《张家口地区党史资料选编》第 3 集，1986 年，第 215 页。

[3]中国人民解放军历史资料丛书编审委员会：《解放战争战略防御回忆史料》，解放军出版社，1994 年，第 516 页。

凸显了张家口的重要战略地位。

（二）张家口失陷前后的军事部署

在毛泽东"保卫察哈尔"电文精神指引下，晋察冀军区做了广泛的军事动员。1946 年 9 月 23 日，《晋察冀日报》登载了《中共中央晋察冀局为保卫张家口发出战斗号召》①。9 月 26 日，晋察冀边区行政委员发布了《告边区军民书》，要求"保卫人民的城市——张家口，保卫人民的察哈尔，保卫人民的晋察冀，这是全边区军民的紧急战斗任务"②。与此同时，晋察冀军区的积极布防也在有条不紊地进行着③。根据以往的作战经验，晋察冀军区认为西线傅作义部只是辅助进攻，且基本沿铁路线出动，目的是与东线的国民党军在怀安柴沟堡会师。据此，晋察冀军区分东西两线部署，且将主力部队多置于东线，准备打歼灭战。西线部署的兵力与傅作义部大致相当。

①《中共中央晋察冀局为保卫张家口发出战斗号召》（1946 年 9 月 23 日），载中共河北省委党史研究室编：《晋察冀解放区首府张家口》，中共党史出版社，1996 年，第 265 页。

②《晋察冀边区行政委员会告边区军民书》（1946 年 9 月 26 日），载中共河北省委党史研究室编：《晋察冀解放区首府张家口》，中共党史出版社，1996 年，第 268 页。

③ 冀晋军区发布《保卫张家口战役：击破平汉铁路作战命令》[作战命令：1946 年 9 月 27 日于前方指挥部（平卫字第 1 号）]，中国人民解放军档案馆藏，档号：316-Y-WS.W-1946-001-001。

晋察冀军区教导旅和警卫团位于张家口作机动部队。晋察冀军区第七军分区（察北军分区）部队位于张北担任警戒任务（见表4-3①）。

表4-3 保卫张家口战役期间中共军队与国民党军队对峙情况表

备注	中共军队	地区		国民党军队	备注
8个旅的兵力部署于怀来、延庆及其以南地区（防守94军），并动员了大量民兵参战	晋察冀第1纵队第1、2、3旅；第2纵队第4、5旅；第三纵队第7旅；第四纵队第10旅；独立第五旅	怀来及延庆以南地区	东线	第16、53军	第13、16、53、94军，均属李文兵团
钳制敌人	冀热辽军区部队、宝源县大队等地方武装	丰宁、沽源		第13军	配合作战
—	—	北平地区		第94军	战役预备队，进攻怀来一线
部署于柴沟堡、阳高、天镇一线	晋察冀第4纵队	大同、集宁一线	西线	第53军3个步兵师及新编骑兵第4师、骑兵纵队、暂编第38师（阎锡山部）	傅作义主力部队待机行动，后作为进攻主力
教导旅和警卫团在张家口作为预备队	察北军分区部队2个团	张北			
防守撤往易县的通路	第三纵队2个旅	易县一带	撤退路线	—	—

① 根据聂荣臻《忆我在张家口的前后》制定，载中共河北省委党史研究室：《晋察冀解放区首府张家口》，中共党史出版社，1996年，第448—451页。

通过上表可见，晋察冀军区部队以优势兵力防守李文兵团的 16、53 两个军，由冀热辽军区部队和宝源县大队等地方武装钳制由东面进攻的国民党 13 军，晋察冀第 4 纵队和察北军分区部队在张家口西部和北部随时抵御李文、阎锡山、傅作义等部的进攻。这样的军事部署相对严密，但问题在于傅作义部可以从两个不同的方向进攻，即张家口西部（大同、集宁一线）和北部（张北）。倘若傅部倾巢从北部进攻，察北军分区部队显然势单力孤。况且察北地广人稀，各县城之间距离甚远，解放军在此地很难协同作战，县区武装亦难发挥钳制作用。保卫张家口战役的军事部署漏洞即在于此。

（三）张家口失守的原因解析

1946 年 10 月 14 日，晋察冀军区颁布了《保卫张家口战役公报》，内述："卖国独裁内战的走狗傅作义，竟乘我不备，倾巢而来，伺隙偷袭，侵占张北，威胁张垣。我军在战略上本处于东西夹攻之下，至此情况更不利于作战。"[①] 其中"竟乘我不备""伺隙偷袭"等说明战役失

---

① 《保卫张家口战役公报》，《晋察冀日报》1946 年 10 月 19 日，第 1 版。

败具有偶然性，但并未使用"主动撤退"①一词。1946 年 11 月 1 日，晋察冀中央局颁布了《关于张垣失守后的形势与任务的决定》，内述："晋察冀我军经 4 个月作战，歼灭蒋军 3 万余人。但我也暂时失掉许多重要城市，特别是张垣的失守，对于我党和人民均是很大损失……当时张垣存在着保卫得住和保卫不住的两种可能，张垣保卫战的目的是要争取实现第一个可能，但因主客观的种种原因，终于被迫撤出。"② 由此，"被迫撤出"系晋察冀中央局的定论。

针对张家口失守，晋察冀中央局在该决定中还做了实事求是的分析和检讨，同时，在涞源会议上就"张家口失守后的悲观失望情绪"做了大量思想政治工作。张家口失守是多方面原因造成的，除敌我力量对比悬殊、晋察冀裁军与复员过多、面临三线作战、傅作义部"狡诈"等因素外，还有主观方面的失误。

---

① 张家口失守后，晋察冀军区在作战动员讲话中有"撤离""撤退"等用词，但没有"主动撤退"的提法。参见《连队讲话材料：关于张家口的撤退及其它》，中国人民解放军档案馆藏，档号：338-WS.W-1946-003-004。

②《中共中央晋察冀局关于张垣失守后的形势与任务的决定》（1946 年 11 月 1 日），载中共河北省委党史研究室编：《晋察冀解放区首府张家口》，中共党史出版社，1996 年，第 276 页。

一是和平麻痹思想滋生。共产党主"和"并不代表国民党主"和"。"和平民主新阶段"提出后,晋察冀边区的有些领导同志未能领会党中央不放弃革命警惕性的精神内涵,"一些同志滋长了和平麻痹思想。有的兵工厂炮弹也停产了"①,现役部队的训练也有所减少。因军队大量复员但地方安置能力有限等原因,军地两方团结协作也出现隔阂,未能及时解决和消除。

二是"三路四城"②计划指挥失误。内战爆发后,党中央发出《国民党大打后晋察冀军区的基本任务》(1946年6月28日),指出要"保卫地方与夺取三路四城"③。为保卫张家口、保卫察哈尔,晋察冀军区果断执行"三路四城"计划。但在指挥中先攻城,造成作战部队牺牲较大。萧克曾回忆:"先打路,可能是另外的结果。罗瑞卿同志在安国会议上曾同我讲到,张家口战役前他去延安,彭德怀同志对他说,你们晋察冀如果把平汉路打下

---

① 中共中央党史研究室编:《中共党史资料》第39辑,中共党史出版社,1991年,第66页。

② "三路"即平汉路北段、正太路、同蒲路,"四城"即保定、石家庄、太原、大同。

③ 《毛泽东文集》第4卷,人民出版社,1996年,第138页。

来，张家口就稳固了。"① 可见，变"先攻城"为"先打路"，张家口保卫战有可能胜利。

三是经验主义错误。自1945年9月起，傅作义部的进攻方向总是平绥铁路西段，很少染指察哈尔省北部，这与苏军驻守察北有关。苏军撤出后又因国共签订停战协议、"三人委员会"赴张家口视察等因素，察省没有出现大的军事摩擦。但是，张家口保卫战期间，察省北部的军事屏障早已不复存在。晋察冀从以往的经验出发，放松了察北方面的防御，造成张北失守，进而被迫撤出张家口。

总之，"张家口保卫战，没有达到大量歼敌的预期目的"②，是在张北失守后又无力击退敌顽的被动情况下弃守的。晋察冀在撤离张家口之前做了疏散，加之教导旅在狼窝沟的英勇阻击为撤离争取了时间，使得晋察冀党政军群在"被迫撤出"张家口的过程中并未大伤元气。晋察冀边区广大农村政权仍在我军手中，不屈不挠的战略防御自此拉开序幕。

① 中共中央党史研究室编：《中共党史资料》第39辑，中共党史出版社，1991年，第66页。
② 《王平回忆录》，解放军出版社，1992年，第365页。

三、晋察冀区域内的城市撤守

全面内战爆发后，中原突围揭开了解放战争的序幕。解放区的城市是坚守还是撤退，需要党中央慎重考虑并作出正确的战略决策。针对晋察冀的局势，党中央指示："在地方保卫战中，在万不得已时，一城一地之暂时得失是不足怪的……当敌进攻承德时，你们的主力不是保卫承德（因为这将劳而无功）。"① 据此，冀热辽中央分局在《关于作战方针及目前中心工作的指示》（1946 年 8 月 20 日）中也提出："在敌优势兵力进攻下，某些点线，如承德以及隆化等城市可能暂时失守。"②1946 年 8 月 26 日，随着国民党军三路合击承德，军调部第十一执行小组、冀热辽中央分局及热河省委、省政府撤出市区。集宁战役失利后，张家口也做了必要的疏散。后因张家口突然失守，晋察冀边区尤其是察哈尔省各县区不得不全面撤城。

（一）张家口的疏散与撤离

抗战胜利后，晋察冀与晋绥区多次联合作战，保卫

---

① 《毛泽东文集》第 4 卷，人民出版社，1996 年，第 138 页。
② 中共承德市委党史研究室编：《承德解放战争史料选》，人民日报出版社，1998 年，第 172 页。

解放区。全面内战爆发后，党中央要求晋察冀"夺取三路四城……必须完成此任务"[①]。按照党中央指示，应以先打平汉路为利。晋察冀经过慎重考虑，认为由于晋冀鲁豫边区另有任务不能配合作战，发起平汉路战役有困难，并多次上报党中央"先取大同，再下平汉"。获得党中央批准后，大同集宁战役拉开帷幕。但是，由于攻城经验不足、战场布置不当等因素，集宁之战失利，国民党军攻入市区，大同随之撤围。至此，张家口陷入东西两线作战的不利局面。

1946 年 9 月 15 日，聂荣臻给晋察冀中央局干部作报告指出："我们的任务是保卫察哈尔……在万一不利的情况下，不作孤注一掷，这不是说轻易放弃一些城镇。比如张家口这个大城市是压在我们肩上的大包袱，并非绝对不能放弃，但决不能轻易放弃。"聂还指出："该疏散的一定要疏散，疏散了的不许自由跑回来……人力财力使用、运输供给全不发生紊乱现象。而所有留在张家口的同志，都要很有秩序地在战争中继续工作。"[②]在这一指示发出前后，张家口开始了紧急疏散，最先疏散的是

---

①《毛泽东文集》第 4 卷，人民出版社，1996 年，第 139 页。
②《聂荣臻军事文选》，解放军出版社，1992 年，第 252 页。

大中专院校，这也是疏散工作的主体，见表4-4①。

表4-4　1946年9月晋察冀边区首府张家口大中专院校疏散情况

学校性质	学校名称	疏散地点	现今校名
高等学校	华北联合大学	河北束鹿，后迁入正定	中国人民大学
	晋察冀工业专门学校	河北蔚县暖泉镇，后迁入建屏、井陉县	北京理工大学
	白求恩医科大学	河北涞水板城，后回到唐县	吉林大学白求恩医学部
	内蒙古军政学院	内蒙古昭乌达盟的林东	内蒙古师范大学
	晋察冀铁路学院	向冀西根据地转移	北京交大、西南交大
中等学校	张家口市立中学	河北建屏	北京101中学
	晋察冀商科职业学校	向老根据地疏散，具体地点不明	
中等学校	晋察冀农科职业学校	河北广灵，后迁入建屏	—
	冀察中学	河北涞源，后合改为察哈尔联合中学	张家口市第一中学
	冀察师范学校		

①根据贾巨才、郎琦著：《晋察冀边区首府张家口教育事业研究》（红旗出版社，2015年，第139—187、110—130、233—246页）；肖守库、郎琦著：《张家口教育史研究》（国家行政学院出版社，2014年，第140—182页）；张金辉著：《晋察冀解放区高等教育研究（1937—1949）》（中国言实出版社，2018年，第199页）制定。冠以"冀察"开头的校名后均改为"察哈尔"。

学校性质	学校名称	疏散地点	现今校名
干部教育	察哈尔干部学校		
	晋察冀军政干部学校	河北蔚县、灵寿	石家庄陆军指挥学院
	冀察军政干部学校	编入战斗部队，留随营学校跟六纵转战	—
	晋察冀行政干部学校	河北阜平	中国劳动关系学院

通过上表可见，张家口各大中专院校在 1946 年 9 月均进行了疏散。除一些必要、沉重的机器设备由交通工具运输外，学校的教职员及学生多是徒步涉水迁徙。有的老教师因体弱多病无力在山区教学，但硬是把学生送到老根据地才回乡①。特别值得提及的是，随白求恩医科大学疏散的还有附属医院的日籍医护人员。这些人曾经在张家口的"蒙疆中央医学院"工作，日本投降后他们逃往北平，后在我党政策的感召下回到张家口在白求恩医大任教和工作，其中包括原院长稗田宪太郎教授。据他回忆：张家口疏散时，军区卫生部让日籍医护人员自

---

① 河北政协文史委编：《河北文史集萃·教育卷》，河北人民出版社，1991 年，第 294—295 页。

行决定去北平还是转战山区，如去北平则由军区负责护送①。最后，稗田和20多名医护人员选择留下，被疏散至太行山区。

除大中专院校外，印刷局、报社、书店、边区银行等机构也有部分人员携带设备先期转运。例如，"印刷局先拆卸胶印机和裁切机及一些制版设备，连同部分储备材料先行南移"②。为保障疏散的运输效率，张家口到南部山区之间还设立了转运站，便于组织力量。据王泳之回忆："在撤离前，我们将重要物资，有计划的进行了转移，当时我主管仓库工作（供应股长），知之较详。原计划带走的东西，在撤离前，基本上都安全转移到老解放区了。"③正因为撤离张家口前的疏散工作紧张而有序，才使得张家口失守后我党我军并未大伤元气。

其间，有两位美国友人见证了张家口的疏散与撤离：斯特朗和李敦白。据斯特朗回忆："我看到了所谓'疏散'的景象……满载人员、食品、行李和器材装备的卡

---

① 刘民英主编：《稗田宪太郎：八路军中的一位著名日本教授》，人民军医出版社，1989年，第111—112页。

② 傅发永主编：《晋察冀边区印刷局简史》，中国金融出版社，1995年，第66页。

③ 王泳之：《晋察冀边区银行的艰苦创业及其他》，载中国人民银行河北省分行编：《回忆晋察冀边区银行》，河北人民出版社，1988年，第67页。

车和大车开始不停地撤出这座城市……四个联合国善后救济总署的工作人员也在中国人欢呼中跟着医院一起撤走了。这一切都按部就班地进行，毫不慌乱。"[1] 不久，斯特朗被安排飞离张家口。

李敦白一直到张家口失守前才离开。他曾回忆道："朱总司令发电报调我到延安新华社，我去跟他（聂荣臻——注）告别。这时聂的司令部已经搬到郊区，他正患重感冒，鼻子肿着，脸通红，捧一个巨大的茶缸喝水。他说，我们打了败仗，要撤退。他指的是打大同未打下来，傅作义袭击张家口。"[2] 李敦白随后拿到了聂荣臻亲笔签发的通行证。在撤离张家口的路上："就是凭着聂将军写的那张字条，我一路上要马有马，要吃有吃，老百姓都热情地接待我留宿。几千里长途行军，使我鲜明地体会到，新中国的未来是属于中国共产党的。"[3] 李到延安后又一次与斯特朗重逢，并告诉斯特朗："对于这个地区的

① （美）斯特朗著：《中国人征服中国》，北京出版社，1984年，第205—206页。

② 《红幕后的洋人：李敦白回忆录》，九州出版社，2014年，第211页。

③ 邓壮：《一位美国朋友的回忆：访李敦白》，载北京广播学院新闻系编选：《中国人民广播回忆录》第3集，中国广播电视出版社，1990年，第165页。

三千万人民来说，政府并没有垮。它只不过是从张家口转移到了山区，而山区是政府在抗日战争时期生根发芽的地方。它也不能说是一个流亡的政府，因为它不是流亡而是在人民的家园里。在城镇农村流通的仍是张家口的纸币，而不是蒋的钞票。县政府仍在逮捕罪犯，办理土地和婚姻登记；各村民兵仍以'晋察冀边区'的名义在路口巡逻。几个星期以前从张家口撤到此地的华北联大的一千多名学生分散住在六个村子里。"①

最后撤离张家口的除阻击部队外，还有张家口新华广播电台。据蓝文长回忆："10月10日夜晚，我们最后坚持工作的播音员们在台长哈文光同志的率领下，在隆隆的炮声与爆炸声中，在熊熊的烈火和浓烟旁，急匆匆撤出张家口。"②

（二）晋察冀县城的撤与守

国民党军占领承德后，中共控制的周边各县区亦相继失守，敌随后向冀东发起进攻。"在敌人优势兵力的进

---

① （美）斯特朗著：《中国人征服中国》，北京出版社，1984年，第205页。

② 蓝文长：《在隆隆的爆炸声中我们撤离了张家口》，载北京广播学院新闻系编选：《中国人民广播回忆录》第3集，中国广播电视出版社，1990年，第156页。

攻下，为了暂时避开敌人的锋芒，我军主动撤出了迁安、乐亭、丰润、遵化、玉田、平谷等十五座县城。"[1] 加之赤峰撤守，我党在冀东、冀热辽区仅占据为数不多的几座小城，华北与东北两大战略区的主要通道已被敌切断。晋察冀党政军从张家口撤出后，民主察哈尔省党政军群也由宣化市撤离。国民党军占领张家口市区后，要么派部队向周边各县区开进，要么网罗土匪恶霸且授予军职令其夺取、盘踞县城。至1946年底，察省绝大部分县城要么失守，要么撤离，见表4-5[2]。

表4-5　1946年察哈尔各（县）城市光复与撤城（失守）时间表

市县	光复时间	撤城时间
张家口市	1945.8.23	1946.10.11
阳原	1945.10.1	1946.9.21
兴和	1945.8.13	1946.9
张北	1945.8.16	1946.10.8

---

①《聂荣臻回忆录》，解放军出版社，2007年，第502页。

②注：根据《中共张家口地方史》第1卷（中共党史出版社，2001年，第421页）；《内蒙古年鉴2015》（内蒙古人民出版社，2015年，第909页）；《察北烽火》（张清亮主编，2005年，第147—149）；《中国共产党多伦县历史》（内蒙古文化出版社，2014年，第67页）；《乌兰察布文史资料》第2、9辑（乌兰察布文史委，1984、1992年，第120、68页）；《兴和县文史资料》第2辑（兴和文史委，1995年，第1页）及各县县志制定。

续表

市县	光复时间	撤城时间
沽源	1945.8.11	1946.10.25
崇礼	1945.8.22	1946.10.8
怀安	1945.8.31	1946.10.19
万全	1945.8.22	1946.10.10
宣化	1945.9.2	1946.10.11
涿鹿	1945.8.30	1946.10.13
怀来	1945.9.21	1946.10.12
尚义	1945.9.12	1946.10.5
宝昌	1945.8.13	1946.10.25
商都	1945.8.19	1946.10.10
多伦	1945.8.22	1946.10
化德	1945年8月底	1946.10
蔚县	1945.11.3	1946.11.3
康保	1948.12.28	1946.11.12
赤城	1945.10.14	1946.12.13
龙关	1945.10.4	1946.12.12

通过上表可见，1946年10月张家口失守，在察省引起了连锁反应。绝大部分县城于当月失守，少部分县城如赤城、龙关，因背靠老根据地，撤城稍晚。察省被分割成相互不联系的四个区域，与抗日大反攻阶段的平

西、平北、察南、察北根据地极为相似，晋察冀边区也被分成南北两个部分。为了加强对各区域的领导，有效组织战略抵御，中央军委发出《张垣失守后组织机构变更问题》①的电报，指示成立冀热察军区。1946年11月"根据中央军委电令，晋察冀边区决定在平绥铁路以北建立中共冀热察区委（后归中共中央晋察冀局与中共冀察热辽分局双重领导）……1947年11月28日，为实行战争的需要，晋察冀边区行政委员会决定将察哈尔省与冀晋区合并建立北岳区"②，撤销民主察哈尔省。

在晋察冀边区老根据地，阜平、易县、唐县、涞源、满城、涞水等县城暂为我军占据，但部分县城在解放战争中也曾落入敌手。尤其是张家口失守之初，国民党军妄想一举攻入晋察冀腹地，对此，晋察冀解放军不断发起对敌战役，粉碎了敌人进攻，增强了战胜敌人的信心。在冀热察区，为提高撤城以后的军民战斗士气，也为打击盘踞城镇、欺压百姓的土匪恶霸，1946年11月25日，"冀热察军区集中察北军分区三个骑兵团，配以军区独五

---

① 《中国共产党河北省组织史资料（1922—1987）》，河北人民出版社，1990年，第403页。

② 《中国共产党河北省张家口地区组织史资料（1922—1987）》，河北人民出版社，1991年，第99页。

旅一个营围歼驻沽源平定堡国民党军，经两小时激战，突袭成功，歼灭宝源保警队杨永兴部及傅作义骑兵十四纵队一部千余人。缴获机枪 10 挺、步枪 700 余支，战马 300 余匹，子弹万余发"[1]。杨永兴部被歼，坝上广大人民群众奔走相告，"狼（郎）吃羊（杨）"的革命故事广为流传[2]。杨永兴部是察北危害最大的国民党土匪队伍，"此次胜利，对整个察北影响极大，提高了坝上人民争取解放战争胜利的信心"[3]。1947 年初，聂荣臻向中央建议冀察热辽军区（由冀热辽军区扩建，包括冀热察区[4]）、冀东军区划归东北局领导，中央复电同意。至此，平绥铁路以北、平津及其以东地区不再隶属晋察冀边区[5]。

（三）涞源会议的召开及其作用

张家口、承德、赤峰及周边县城的撤守对晋察冀战局影响颇大，除老解放区的几个小城外，边区内较大城

---

[1] 中共张家口市委党史研究室编：《中共张家口地方史》第 1 卷，中共党史出版社，2001 年，第 349 页。

[2] 此次战斗的指挥员之一为宝源县委书记兼县大队政委郎宝信，有些群众从郎宝信的郎字，联系到匪首杨永兴的杨字，演绎了"狼吃羊"的革命故事，充分表达了群众对人民军队的拥护和对杨永兴匪徒的痛恨。

[3] 中共张家口市委党史研究室编：《中共张家口地方史》第 1 卷，中共党史出版社，2001 年，第 349 页。

[4]《中共冀热察区党委》，河北省档案馆，全宗号 208。

[5]《聂荣臻回忆录》，解放军出版社，2007 年，第 518 页。

市皆落入敌手。尤其是平绥铁路以北区域，因大都是新解放区，斗争更加艰巨，有的地方甚至是孤悬塞外、无后方作战。对此，中共察哈尔省委紧急召开扩大干部会议，作出《对目前形势认识与路北方针任务的决定》[①]，要求察省军民克服悲观情绪，继续斗争，树立打赢解放战争的信心，同时对察北、平北两地区的战略任务作出了部署。该决定指明了察省的斗争形势与方向，察北、平北地区又一次以抗战时期联合县的方式开展对敌斗争。

国民党方面，傅作义部占领张家口为蒋介石立下大功，"曾狂妄地通电全国，说什么如共产党能胜利，我傅某甘愿为其执鞭"[②]。当傅军进入张家口后，蒋介石当天下午就下令准备召开伪国大，并大吹大擂"共军已总崩溃""可在三个月至五个月内，完全以军事解决问题"。对此，延安《解放日报》发表社论指出："蒋介石已悍然占领张家口，我们全解放区一切军队、一切人民一定要团结一致下最后最大的决心，严肃努力发奋反抗，一定在今后超过过去3个月的自卫战绩，歼灭更多的蒋军，

---

① 河北省档案馆藏：中共察哈尔省委第一号档案，全宗号225。

② 李建国著：《平津战役研究》，湖南人民出版社，2004年，第565页。

一定要彻底粉碎蒋介石的进攻，恢复张家口、承德、集宁、菏泽、淮阴以及一切失地……蒋介石今天的一切罪恶，一定要自食其果。"[1]

张家口失守后，在晋察冀内部的同志震惊于张家口之失，议论纷纷。据聂荣臻回忆大致有三类：一是盲目悲观。认为撤离张家口就等于失败了；二是吝惜不舍。张家口是八路军在抗战中光复的第一个省会城市，好不容易才打败了日寇，不甘心让给敌人；三是事后诸葛。在张家口弃守问题上大发议论[2]。这些问题是较为严重的，思想疙瘩解不开，将影响部队以后的作战。为此，1946 年 10 月 22 日聂荣臻组织晋察冀中央局干部在涞源召开扩大会议。

涞源县在抗战胜利后划归到民主察哈尔省，当时是晋察冀边区为数不多的几个小城市之一。在张家口疏散期间，涞源起到了重要的支持与配合作用，而此时的"涞源成为整个晋察冀解放区的政治中心"[3]。在涞源会议上，晋察冀干部在学习中共中央《以自卫战争粉碎蒋介

---

①《社论：争取全面抵抗的胜利》，《解放日报》1946 年 10 月 15 日，第 1 版。

②《聂荣臻回忆录》，解放军出版社，2007 年，第 507 页。

③ 任生桥主编：《红色涞源》，九州出版社，2013 年，第 55 页。

石的进攻》《三个月总结》等指示精神的同时，认真分析
了全国和晋察冀的战局，反思了前一时期的教训。在此
基础上，聂荣臻谈了对放弃张家口的看法：在敌强我弱
的形势下应该审时度势，放远眼光，以歼灭敌人有生力
量为主，不计较一城一地的得失。聂还指出：如果把主
要兵力都拖在张家口，最终则是想守守不住，想走走不
脱，后果将不堪设想。在这种情况下，张家口就变成了
一个包袱，而撤离张家口，就丢掉了这个包袱，争取了
主动，取得了行动自由①。经过学习讨论，广大党员干部
统一了认识，树立了信心，明确了今后的行动方向。会
议作出了《关于张垣失守后的形势与任务的决定》②，号召
全区按照中共中央指示，以若干中小城市和广大农村为
依托，坚持运动战、歼灭战的方针，大踏步地进退，积
极寻求战机，力求更加自由主动地歼灭敌之有生力量，
动员一切力量支持长期战争，以期从根本上转变军事
形势。

　　涞源会议统一了晋察冀各级党政军干部的思想、增

---

①《聂荣臻回忆录》，解放军出版社，2007年，第506—507页。
②中央档案馆等编：《晋察冀解放区历史文献选编（1945—
1949）》，中国档案出版社，1998年，第202—206页。

194

强了信心，特别是提升了高级干部贯彻执行运动战、歼灭战方针的自觉性。萧克曾回忆："这个会议很重要，为今后彻底打败蒋介石坚定了信心，为华北的彻底解放统一了思想。"[1] 涞源会议之后，晋察冀部队在与敌军周旋的同时，连续发起了易满、保南战役，共歼敌 1.6 万余人，不仅粉碎了敌人对我军的分割包围，挫败了他们自占领张家口以来的锐气，而且斩断了保定与石家庄敌人之间的联系，使冀晋、冀中地区连成了一片[2]。在后续作战中，晋察冀各部队也逐步明确了以农村包围城市，不计一城一地之得失，集中绝对优势兵力，在运动中各个歼灭敌人的作战指导思想[3]。

[1] 政协涞源县委员会编：《涞源文史资料》第 1 辑，1996 年，第 76 页。
[2]《聂荣臻回忆录》，解放军出版社，2007 年，第 511 页。
[3] 本书编写组编：《中国人民解放军华北野战部队战史》，解放军出版社，2010 年，第 64—65 页。

第五章
解放战争后期晋察冀边区的城市接管工作

　　1947年1月，中共中央开始考虑晋冀鲁豫野战军向中原出动、转至外线作战的问题。5月至8月，南线的刘邓大军经略中原，北线的晋察冀军区继续在内线歼敌，收复失地，扩大解放区。由于甩掉了张家口、承德、赤峰等较大城市的"包袱"，晋察冀部队变被动为主动，取得诸多战役胜利。除军事斗争外，边区开展了轰轰烈烈的土地改革运动，广大农民积极参军，支援解放战争。同时，解放和接管城市的工作一直在进行，正太战役前后，我军相继解放了一批县城。尤其是清风店战役胜利后，我军乘胜夺取石门市（后改称石家庄市），成为内战全面爆发后中国共产党夺取的第一座较大城市。在中央工委的指导下，晋察冀边区迅速派干部对石家庄市进行接管，这些干部虽很多都参与过张家口接管，但接管工作也不是一帆风顺，暴露出许多潜在问题。党中央对石家庄的接管高度重视，中央工委发布了《中共中央工委关于收复石家庄的城市工作经验的通报》[①]（1948年2月19日），毛泽东亦起草了《各地应注意总结城市工作经验》[②]（1948年2月25日），将"石家庄经验"作为解放战争后期全国城市接管的重要经验之一。1948年5月，晋察冀与晋冀鲁豫合并成立华北解放区，晋察冀的建制撤销。自1937年10月晋察冀军区创建起始，晋察冀军民历经10余年烽火洗礼，为民族的解放和新中国的建立，立下了不朽功勋。

一、解放战争时期的战略进攻

1947年初，晋察冀中央局发出《关于1947年工作计划的指示》（1947年1月10日），要求边区全力贯彻中央局在张家口撤出后制定的形势与任务的决定，即落实练兵打胜仗、贯彻土地改革、开展大生产与节约运动。该指示详列了九项中心工作并指出："各项中心工作步骤只是大概计划，各地应按照具体情形讨论布置，并报告

---

①《建党以来重要文献选编（1921—1949）》第25册，中央文献出版社，2011年，第160页。

②《建党以来重要文献选编（1921—1949）》第25册，中央文献出版社，2011年，第183页。

中央局。"① 根据这一指示，晋察冀各区党委结合各地斗争局面作出了适合本区的形势与任务决定。例如，中共冀热察区党委作出《关于1947年我区形势与任务的决定》（1947年2月10日），提出总的方针是："创建冀热察大块巩固根据地，成为华北与东北内蒙联系的中流砥柱，配合全国爱国自卫战争，大量歼灭敌人，加速反攻的准备，为爱国自卫战争的胜利与全国和平、民主而斗争，为祖国的独立而斗争！"②

1947年3月底，为了贯彻落实中共中央和中央军委的一系列指示精神，晋察冀中央局在安国县召开了扩大会议。安国县是全面内战爆发后晋察冀边区为数不多的没有"撤城"的小城市，1946年秋，安国县委还曾主动将复员的县大队、区小队战士全部召回，重建县大队，后编入野战军。解放石家庄的军事会议是在安国县舍二村召开③，该县在支前、土改、参战等方面均成绩卓著。此时的安国扩大会议在聂荣臻主持下学习了中共中央关

---

① 中央档案馆等编：《晋察冀解放区历史文献选编（1945—1949）》，中国档案出版社，1998年，第216页。

② 中共河北省委党史研究室、河北省档案馆编：《冀热察解放区》，中共党史出版社，1995年，第22页。

③《安国县志》，方志出版社，1996年，第21—22页。

于《迎接中国革命的新高潮》①（1947 年 2 月 1 日）的指示，认真检查了在执行军事斗争、土地改革和生产节约三大任务中存在的问题，明确了"集中绝对优势兵力，在运动中各个歼灭敌人"的作战方针。会后，晋察冀中央局作出《关于执行中央"二一"指示的决定》②（1947 年 4 月 6 日）。

安国扩大会议后，"1947 年 4 月至 7 月，晋察冀野战军连续发起了正太、青沧、保北战役，取得了三战三捷的胜利。它标志着华北我军已经开始扭转战局，转入了主动进攻阶段"③。当时晋察冀的形势，与抗战时期有某些相似的地方，敌人占领大城市和交通要道，但由于兵力分散，到处被动挨打。事实也证明，丢掉张家口这个"包袱"，晋察冀部队可以放开手脚干！塞翁失马焉知非福？正太战役前后，我军解放并接管了山西的盂县、阳泉、定襄、平定、寿阳和河北的正定、栾城、井陉等城市。青沧战役中，我军又解放了青县、沧县、永青三座

---

①《建党以来重要文献选编（1921—1949）》第 25 册，中央文献出版社，2011 年，第 64—69 页。

②中央档案馆等编：《晋察冀解放区历史文献选编（1945—1949）》，中国档案出版社，1998 年，第 253—257 页。

③《聂荣臻回忆录》，解放军出版社，2007 年，第 471 页。

县城。保北战役全歼了徐水、固城、满城、完县等据点敌人①。

随着晋察冀部队解放城市的增多，接管问题也日益凸显。但此时的鏖战局面使得党并没有在城市开展大规模的建设工作，而是做好"长期控制"与"暂时控制"的两手准备。安国扩大会议结束后，晋察冀社会部即发出《关于新收复城市与撤离某一城市时的地下工作与入城工作的指示》（1947年4月10日），指出："在大规模的自卫战争胜利的发展中，新解放的城镇由于军事形势的变化或需要，有的要长期的控制，有的是暂时控制。我解放区的某些城镇，因运动战的需要亦有可能暂时撤离。对此两种不同情形下的城镇，地下工作和入城工作，在思想上和组织上应有充分的准备。"②在新城市的接管工作中要求：一是从俘虏中选择可用的对象；二是严格社会治安管理；三是处理顽、伪组织人员；四是掌握顽、伪文件；五是加强党的政策宣传工作。但同时亦要求党的地下组织不得公开，必须继续隐蔽下去，"这样，不

①《聂荣臻回忆录》，解放军出版社，2007年，第516—517页。
②中央档案馆等编：《晋察冀解放区历史文献选编（1945—1949）》，中国档案出版社，1998年，第258页。

管长期占领或暂时占领都有好处，都不致损失我们的力量"①。可见，这一时期党的城市接管以服务军事斗争为主要目的，强调战时临时性，与抗战胜利后张家口、承德等城市的接管有着本质不同。

1947年9月东北民主联军发起秋季攻势，调动国民党军先后从华北地区抽调3个师增援东北战场，有力配合了晋察冀部队作战。此后，晋察冀抓住有利战机，决定以围城打援的战法，消灭华北国民党军一部，取得清风店战役的胜利。这是晋察冀野战军转入战略进攻后取得的第一个大胜利，对扭转华北战局起了关键性作用，为夺取石家庄创造了有利条件。"接着，按照刚刚进到晋察冀地区的人民解放军总司令朱德的指示，晋察冀野战军和地方武装又于11月6日至12日，乘胜一举攻克国民党军队坚固设防的华北重镇石家庄，全歼守敌2万余人。石家庄战役是人民解放军转入战略进攻后，对国民党军队据守的较大城市的第一次成功的攻坚战。这个战役的胜利，使晋察冀和晋冀鲁豫两大解放区连成一片，同时也表明人民解放军已具备夺取敌人坚固设防的较大城市的能力。攻克石家庄

————————
① 中央档案馆等编：《晋察冀解放区历史文献选编（1945—1949）》，中国档案出版社，1998年，第261页。

后，中共晋察冀中央局组织全面的城市接管工作，并取得了管理新解放城市的有益经验。"①

二、石家庄的接管及经验总结

石家庄在民国时期称石门，位于平汉铁路与正太、石德铁路的交汇点上，处于晋察冀与晋冀鲁豫两大解放区之间，在华北地区的战略位置极其重要。当时人口20万左右（一说28万），与察哈尔省会张家口的人口数量大致相当，但并非河北省会（1968年起为省会城市）。石家庄解放后党中央十分重视，在中央工委的指导下，晋察冀边区派驻干部对石家庄的接管与建设进行了全方位探索，毛泽东、刘少奇、朱德等均就石家庄的接管作出过重要指示。"石家庄经验"是在汲取晋察冀及其周边城市接管经验教训基础上的总结和创新，张家口、承德、邢台、邯郸、沧州等城市的接管经验，都或多或少、或直接或间接地运用到了石家庄的接管工作中。

（一）解放石家庄战役经过

石家庄市虽没有城墙，但因日寇和国民党军的长期

---

①《中国共产党历史（1921—1949）》第一卷下册，中共党史出版社，2011年，第718页。

占领，市区防御工事非常坚固。从市郊到市中心设置了三道防线，市内街巷还设有铁丝网及钢筋水泥工事，大小碉堡星罗棋布并有交通壕和地道相连。1947年4月至10月，"正太战役扫清了石门敌之外围守军，清风店战役消灭了驻石国民党军主力的一半，为最后解放石家庄创造了有利条件"[1]。此时的晋察冀野战军还没有强攻并夺下敌人设防大城市的先例，但经过1947年的"三战三捷"，部队士气高涨，训练有素，装备也有了很大改善，已具备攻城拔寨的能力。10月22日聂荣臻就发动夺取石家庄战役请示中央军委，中央工委亦去电建议批准。中央军委及时回复《关于攻石门打援兵的部署致聂荣臻、萧克、刘澜涛、黄敬、罗瑞卿等电》[2]，表示同意。

当时，中央工委全面估计了攻打石家庄的军事形势："我们同意乘胜打石门。有可能打开。即不能打开，亦可能引起李文、袁朴等南援，在石、保间可能寻求大规模的运动战，对我有利。"[3]1947年11月1日，晋察冀野战

---

① 中共石家庄市委党史研究室著：《中国共产党石家庄历史》第1卷，中共党史出版社，2001年，第538页。
② 中国人民解放军档案馆编：《解放城市系列丛书：解放城市》上，中国档案出版社，2010年，第97页。
③ 《建党以来重要文献选编（1921—1949）》第24册，中央文献出版社，2011年，第441页。

解放战争后期晋察冀边区的城市接管工作　第五章

203

军下达了《关于石家庄战役作战的命令》，指出："乘目前石家庄敌兵力较为虚弱之际，决以我野战军主力及冀晋、冀中两兵团对石家庄举行战役进攻"①，并对作战过程进行了周密部署。11月6日解放石家庄战役正式打响，攻城部队全线发起进攻。经过7天的激烈战斗，12日正午攻城部队全歼市区国民党守军，石家庄（时称石门）宣告解放。

翌日，中共中央发电嘉勉晋察冀全军："庆祝晋察冀我军攻克石家庄歼敌二万余人之大胜利。"②朱总司令也发来嘉奖电："聂荣臻同志转全体指战员同志：仅经一周作战，解放石门，歼灭守敌，这是很大的胜利，也是夺取大城市之创例，特嘉奖全军。"③并赋诗《攻克石门》一首。同日，晋察冀中央局、军区司政两部亦驰电嘉奖前线战士④。11月14日《晋察冀日报》头版头条登载解放

---

① 中国人民解放军档案馆编：《解放城市系列丛书：解放城市》上，中国档案出版社，2010年，第97页。

②《中共中央、朱总司令嘉勉晋察冀全军》，《晋察冀日报》1947年11月18日，第1版。

③《建党以来重要文献选编（1921—1949）》第24册，中央文献出版社，2011年，第441页。

④《晋察冀中央局 军区司政两部 驰电嘉奖前线战士》，《晋察冀日报》1947年11月15日，第1版。

石家庄的报道①。该报还刊载了战役经过："聂荣臻将军麾下反攻大军于 12 日占领了位于华北解放区中心素称华北战略要地的石家庄市……石家庄市内外百万人民，重睹天日。华北三大解放区之间，从此连成一片。"②15 日《晋察冀日报》发表社论《庆祝石家庄的解放》，指出："蒋匪华北强大战略据点石家庄，在我晋察冀人民解放军雷霆万钧的攻势下，庆获解放。石家庄 28 万人民从此得到了民主自由，晋察冀与晋冀鲁豫两大解放区完全连成了一片。此后整个华北战略形势将开始大变，蒋匪军在我晋察冀战场完全处于被动地位，我人民解放军则完全取得了主动权。"③

如社论所言，我军解放石家庄市有着重要的战略意义。因它是华北地区重要的交通枢纽，我军占领了该地就割断了华北国民党军各部之间的联系。晋察冀与晋冀鲁豫连起来，有利于联合作战，为夺取平津和全国解放

---

① 《解放石家庄歼敌两万 活捉匪师长第三军从此全部消灭》，《晋察冀日报》1947 年 11 月 14 日，第 1 版。

②《我军解放石家庄战斗经过 敌人之永久强固防线尽遭摧毁华北三大解放区从此连成一片》，《晋察冀日报》1947 年 11 月 14 日，第 1 版。

③《社论：庆祝石家庄的解放》，《晋察冀日报》1947 年 11 月 15 日，第 1 版。

奠定了基础。至此，华北敌军只能龟缩于北平、天津、张家口等城市，为党中央移驻西柏坡提供了重要的安全保障。同时，石家庄是晋察冀野战军首次攻打敌人设防的坚城，解放石家庄，标志着解放军的攻坚能力已达到相当水平，"石庄之捷开解放大城市先例"①。当然，夺取城市与接管城市不可同日而语，石家庄要真正成为战略要地并发挥堡垒作用还要靠市民的支持，因而石家庄解放当天，"我民主政府已随军入城，进行善后工作"②。石家庄接管拉开帷幕。

（二）接管石家庄的史实考略

石家庄市在解放前就被确定为晋察冀边区直辖市，晋察冀边区从中央局机关和各地区抽调大批干部到该城工作。例如，冀中区党委组织部发出《关于抽调大批干部进石门工作的通知》，指出："区党委决定，抽调大批干部准备进石门工作，在围攻时作支持工作与发动群众，待攻下石门立即进到市内。"③在石家庄解放的同时，在

---

①《石庄之捷开解放大城市先例 创阵地攻坚战辉煌战果》，《晋察冀日报》1947年11月18日，第1版。

②《解放石家庄歼敌两万 活捉匪师长第三军从此全部消灭》，《晋察冀日报》1947年11月14日，第1版。

③石家庄市档案馆编：《石家庄解放》上，中国档案出版社，2010年，第235页。

周边解放区组织起来准备接管城市的党政军领导及工作人员分批入城，成立了石门市委、市政府及物资接收委员会。石家庄解放的第五天，《晋察冀日报》发出布告："市长柯庆施已到职视事"①，标志着接管工作全面展开。很多石家庄接管干部都具备城市工作经验，8名市委委员中有7人曾在张家口市、宣化市工作并担任重要领导职务，见表5-1②。

表5-1　曾在张家口、宣化两市任职的石家庄接管干部情况表

领导人	1945—1946 年 在张家口、宣化任职	1947—1948 年 在石家庄任职	备注
毛铎	察哈尔省委副书记兼宣传部长	石门市委书记、市委委员	常委
柯庆施	晋察冀边区财委副主任	石门市长、市委委员	常委
栗再温	晋察冀贸易公司监委书记、总经理	石门市职工运动委员会书记、市委委员	常委
曹裕民	晋察冀中央局宣传部秘书长	石门市委宣传部长、市委委员	
曾涌泉	晋察冀军区副参谋长	石家庄警备区司令、市委委员	常委

<hr>

①《人民的石家庄建立民主秩序，市长柯庆施已到职视事》，《晋察冀日报》1947 年 11 月 17 日，第 1 版。

②以《中国共产党河北省石家庄市组织史资料（1923—1987）》（河北人民出版社，1990 年，第 77—90 页）所记载的石家庄干部任职情况（1947—1948 年）为准，结合权威文献记载的干部生平履历而制定。

续表

领导人	1945—1946 年 在张家口、宣化任职	1947—1948 年 在石家庄任职	备注
陈守中	晋察冀中央局组织部 秘书长	石门市社会部长兼公安局 长、市委委员	
宋致和	察哈尔省政府秘书长	石门市委秘书长	
陈 亨	察哈尔省委行政处长	石门市委秘书处长	
阮慕韩	察哈尔省高等法院院长	石门市人民法院院长	
郑维山	张家口市卫戍司令	石门市卫戍司令	
武树藩	察哈尔（冀察） 师范学校校长	石门市教育局长	
韩子教	晋察冀商科职业 学校校长	石门市社会局长	
赵子尚	晋察冀禁烟副局长	石家庄财政局长	
吴立人	晋察冀分局党校秘书长	石家庄市委秘书长	
刘秀峰	张家口市委书记	石家庄市委书记	常委
许建国	张家口市公安局长	晋察冀社会部长 （在石家庄指导工作）	

通过上表可见，石家庄接管的主要领导人，如毛铎、柯庆施、栗再温、阮慕韩等均曾参与张家口、宣化的接管并担任重要领导职务。石门改称石家庄后，刘秀峰担任市委书记。随军进入石家庄的接管干部王文克回忆："为什么1948年调刘秀峰同志任石家庄市委书记（市委委员兼市长是柯庆施）？因为张家口在1945年第一次解

放后，他是市委书记兼市长，有了城市工作经验。"①除配备富有经验的接管干部外，晋察冀边区还适时出台了多项城市接管的方针政策，以确保石家庄接管工作的顺利进行。石家庄的城市接管与社会改造是在中共中央的指导下进行的。

具体接管事宜可归纳为五项②：一是建立党组织和革命政权，稳定社会秩序。接管班底进城后立即实行了军管和宵禁，发出《关于石家庄解放的布告》③，迅速派出干部组成工作组，深入基层，发动群众，宣传党的政策，依靠群众建立党的组织和临时参议会，实行民主建政④。二是成立晋察冀边区石门市敌伪物资管理委员会，专门负责接收逆产⑤。该机构成立后，与市委、市政府多次联

① 石家庄政协文史委编：《石家庄文史资料——人民城市的曙光：石家庄解放初政权建设纪实》，1994年，第278—279页。

② 中共石家庄市委党史研究室著：《中国共产党石家庄历史》第1卷，中共党史出版社，2001年，第544—554页；《河北省志·共产党志》，中央文献出版社，1999年，第151—154页；中共河北省委党史研究室著：《中国共产党河北简史》，中共党史出版社，2006年，第135—137页。

③ 石家庄市档案馆编：《石家庄解放》上，中国档案出版社，2010年，第285页。

④《石家庄市人民政府关于成立临时参议会的通知》（1948年1月17日），载石家庄市档案馆编：《石家庄解放》下，中国档案出版社，2010年，第381页。

⑤《晋察冀边区石门市敌伪物资管理委员会布告》（1947年11月20日），《新石门日报》，1947年11月25日，第1版。

合发出布告，公布接收资产的政策和范围，强调只接收买办和官僚资产。三是社会改造。1948年初，改造妓女等社会问题开始着手进行[1]，同时发动群众开展"挖蒋根"运动[2]，清查了国民党员、三青团员，甚至是日伪统治时期的汉奸。四是开展生产，恢复和繁荣工商业。市政府根据"发展生产、繁荣经济、公私兼顾、劳资两利"的新民主主义经济方针，颁布了一系列法令、布告等，依靠工人阶级迅速恢复和发展生产[3]。五是开展市政建设，发展文教事业。石家庄解放后很快开始了市容整顿工作[4]，收效显著。随着晋察冀、晋冀鲁豫及延安文化界人士进入石家庄，该市文教卫生事业的领导力量也得到加强，成立了一批文艺协会，恢复学校，开办夜校、民校等，奠定了城市文教卫生事业的基础。

---

[1]《石家庄市人民政府关于废除娼妓制度的布告》（1948年1月4日），载石家庄市档案馆编：《石家庄解放》上，中国档案出版社，2010年，第290页。

[2]《中共石家庄市委关于发动群众挖蒋根的指示》（1948年1月20日），载石家庄市档案馆编：《石家庄解放》上，中国档案出版社，2010年，第316页。

[3]《石家庄自解放以来关于工商业政策的几个具体问题》（1948年4月10日），载石家庄市档案馆编：《石家庄解放》下，中国档案出版社，2010年，第508—513页。

[4]《石家庄市人民政府关于消除残存蒋伪反动标识以整顿市容的通知》（1948年1月30日），载石家庄市档案馆编：《石家庄解放》上，中国档案出版社，2010年，第290—291页。

经过近 3 个月的努力，石家庄的接管工作取得很大成效，也积累了经验教训。1948 年 2 月 19 日中央工委发布《关于收复石家庄的城市工作经验的通报》(《丑皓电》)，指出："东北及其他解放区，均可能在最近收复一些中等的和大的城市，而这些城市收复后又可能长期归人民所有，如何去收复城市，收复后又如何管理，这在党内一般是还没有完全解决的问题，特将石庄这些不完全的经验介绍给你们，作为参考，在石庄的许多错误，是应该而且可以避免的。"[1]《丑皓电》为各级党政、军队等接管城市工作提供了初步经验借鉴。

6 天以后，毛泽东亲自起草了《各地应注意总结城市工作经验》(1948 年 2 月 25 日)，即《丑有电》，要求："各中央局、分局、前委必须讨论中工委丑皓电，并将中工委丑皓电当作党内文件印发至地方地委一级，军队团委一级……各级党委收到中工委丑皓电以后均应引起讨论。"[2] 毛泽东之所以对《丑皓电》如此重视，主要是基于党的工作重心转移的考虑，字里行间透露出没有及时总结城市接管经验的遗憾。关于《丑皓电》涉及的有关城市接管工作中贪污腐化的现象，毛泽东更是深恶痛绝："两年前张家口的经验，我们是从中工委的丑皓电才看到的。这种在重大问题上（不是小问题或技术问题，而是重大的政治问题）事前不请示事后不报告的极端恶劣的习惯，在七大以后并未根绝，现在已相当严重地影响了党的工作的发展。"[①] "张家口的经验"是指 1945 年 8 月 23 日八路军光复张家口后，"领导机关随即迁至城市，因而引起许多干部均往城市跑，在城市乱抓乱买东西，贪污腐化，严重地放松了乡村工作，并引起士兵与乡村干部极大不满的经验"[②]。根据《丑皓电》来看，这些教训在接管石家庄时已有所避免。

毛泽东《丑有电》亦提及了 18 座中国共产党占领并长期管理过的城市（见表 5-2[③]），要求总结城市接管工作的经验。从该电文的手迹来看，这 18 座城市似经过了严谨考究[④]。除石家庄外，其余城市均在 1945 年至 1946

---

① 《毛泽东文集》第 5 卷，人民出版社，1996 年，第 71 页。
② 《建党以来重要文献选编（1921—1949）》第 25 册，中央文献出版社，2011 年，第 160 页。
③ 郎琦著：《中国共产党城市接管与建设工作研究（1945—1946）》，红旗出版社，2016 年，第 5—6 页。
④ 中共中央文献研究室档案处编：《毛泽东手书真迹》，中央文献出版社，2006 年，第 227 页。

年获得解放或从日伪手中光复，部分城市在全面内战爆发后失守。可见，毛泽东一方面特别提及了1947年11月解放的石家庄，认为"中工委《丑皓电》所述石家庄城市工作经验必须引起全党注意"[①]；另一方面也放眼全国，要求各地总结城市接管工作经验并上报中央以为全党取法。此后，"济南经验""沈阳经验"等相继出台，党的城市接管工作步入正轨。而"石家庄经验"则是中国共产党总结城市接管工作的重要开端，对解放战争后期的城市接管工作有着直接影响。

表5-2　毛泽东在《丑有电》中提及的占领且长期管理的城市简况

序号	解放城市	解放时间	解放初规模	备注
1	张家口	1945年8月	察哈尔省会、晋察冀边区首府	中共依靠自己的力量从日寇手中光复
2	邯郸	1945年10月	县级	后为晋冀鲁豫边区首府
3	长治	1945年10月	县级，1946年升为地级市	上党战役结束后，长治解放
4	晋城	1945年4月	县级，1985年升为地级市	城关区命名为市
5	淮阴	1945年9月	县级，属清江市	两淮战役解放淮阴

[①]《建党以来重要文献选编（1921—1949）》第25册，中央文献出版社，2011年，第183页。

续表

序号	解放城市	解放时间	解放初规模	备注
6	烟台	1945年8月	升格为市，属胶东行政区	威海卫、烟台同时解放
7	威海卫	1945年8月	升格为市，属胶东行政区	
8	淄川	1945年8月	县级	现为淄博市淄川区
9	博山	1945年8月	县级	现为淄博市博山区
10	德州	1946年1月	属德县一个区	解放战争时期城区分属不同专区管辖
11	承德	1945年8月	热河省会	苏联红军交付政权于中共
12	赤峰	1945年8月	县级	
13	安东	1945年9月	相当于地级市	今丹东市
14	哈尔滨	1946年4月	松江省会	国民政府曾设哈尔滨特别市
15	齐齐哈尔	1946年4月	嫩江省会	国民政府划分东北九省之一
16	牡丹江	1945年10月	地级市、绥宁省会	中共于1946年4月至10月成立绥宁省
17	佳木斯	1945年11月	合江省会	国民政府划分东北九省之一
18	石家庄	1947年11月	地级市	原石门市

（三）接管石家庄的经验教训

中国共产党对石家庄的接管无疑是成功的，创造了"石家庄经验"。但"石家庄经验"并非一座城市的接管经验，很大程度上讲，是综合、凝练了晋察冀边区自成立以来的城市接管工作经验，也包括边区周边城市的接管经验。"1945年9月24日，邢台解放；1945年10月4日，邯郸解放；1947年6月15日，沧州解放。在这些城市的接管中也创造了一些新的经验。"[1] 随着接管干部的调动，一些好的经验也会在一定范围内得到借鉴。而对"石家庄经验"具有直接影响或起到借鉴作用的是接管张家口的经验以及1947年新收复的井陉、阳泉等地的接管经验。尤其是接管张家口的经验，构成了"石家庄经验"的重要组成部分。刘少奇认为，在石家庄接管过程中，要特别注意汲取张家口接管中的三项教训（教训也是经验）：一是放松乡村工作，引起士兵与乡村干部极大不满，瓦解内部团结[2]；二是干部往城里跑，乱抓乱

---

[1] 中共河北省委党史研究室著：《中国共产党河北简史》，中共党史出版社，2006年，第136页。

[2] 《建党以来重要文献选编（1921—1949）》第25册，中央文献出版社，2011年，第160—161页。

买东西，有贪污腐化现象，消磨战斗意志①；三是对工人实行高工资高福利是错误的，工人待遇不能影响工商业发展。

前两项教训是《中共中央工委关于收复石家庄的城市工作经验的通报》中明确提出的。刘少奇认为："这次全部野战军士兵都得到几件慰劳品，城市工作人员保持了纯洁。士兵与乡村后方人员对此均表示满意，没有听到什么闲话，乡村干部亦不要求或自由向城市跑了。由于进城而瓦解内部团结与战斗意志的现象，例如进张家口时的情形就没有了。"②后一项教训在刘少奇与接管干部的谈话中多次提及，认为："接管张家口时为了同国民党争工人，实行高工资、高福利，是错误的。是内地（即根据地）迁就外地，还是外地迁就内地，现在要决定了……工人一个人赚出 99 个人的财，交公，社会才能发展。"③此外，石家庄的公安工作也借鉴了张家口的经验。

---

① 《建党以来重要文献选编（1921—1949）》第 25 册，中央文献出版社，2011 年，第 160—161 页。

② 《建党以来重要文献选编（1921—1949）》第 25 册，中央文献出版社，2011 年，第 161 页。

③ 陈用文:《接管城市政策的转折》，载中共中央党史研究室、中央档案馆:《中共党史资料》第 76 辑，中共党史出版社，2000 年，第 30 页。

石家庄接管干部张季良回忆:"公安局的组织机构是按张家口模式组成的……市公安局的工作,在中央和晋察冀社会部和石家庄市委的直接领导下,并接受了张家口市的经验……促使社会治安大大好转。"① 但是,石家庄接管过程中还是出现了一些问题,是需要汲取的教训。这些教训构成了解放战争后期城市接管中的直接经验。

一是仍存在搬运物资等"抓一把"的现象。1947 年井陉、阳泉等城市解放,部队、民兵民夫以及后方机关工作人员进城乱抓物资、乱搬机器,致使这些地区的工业受到致命的破坏。对此,中央工委和晋察冀中央局高度重视,为杜绝再犯类似错误,在解放石家庄以前即向各级党委传达了"城市要建设而非破坏"的方针。各级党委亦颁发了相关通知,采取了积极措施。例如,中共晋察冀第四地委颁布了《关于石门进城工作及保护石门城市的通知》②,转发了晋察冀中央局的指示。但这种训令只有干部知道,因传达不力等因素,不少士兵仍照过去

---

① 张季良:《忆石家庄解放初期的治安工作》,载《石家庄党史资料》第 15 集,中共石家庄市委党史研究室、石家庄市公安局,1991 年,第 152—154 页。

② 河北省档案馆,西柏坡纪念馆编:《西柏坡档案》第 4 卷,河北人民出版社,2017 年,第 234 页。

经验在城市搬拿东西以补充战争物资，甚至有破坏行为。后期总结认为："战斗结束后的城市秩序仍很混乱，部队人员违反入城纪律现象仍然不少，有些甚至是极其严重的情形，有些部队仍然搞本位主义，只顾自己，不顾全局，等等。以致缴获之物资走失甚多，为公家造成损失，工厂商店甚至有的市民工人的财物亦被拿走一部，为城市善后工作造成困难，在居民中损害了人民军队的形象，并为特务反动分子造成可乘之隙，这证明我们尚没有学会入城工作和没有完全贯彻我们的城市纪律。"① 可见，解放石家庄的军队与"南京路上好八连"相比还有一定距离，但正是对这个"距离"的重视，才一步步成就了"好八连"。

二是农村经验搬到城市，盲目依靠城市贫民。王文克回忆：1947年"刚一进城，遇到的第一个问题就是工作相当困难。两眼一抹黑，社情一点儿都不了解，这对我们入城干部是个相当大的考验……进城后，遇到的另一个更重要的是政策问题，对我们每一个干部、对于我

---

① 《晋察冀野战军前线委员会关于检查总结石家庄入城纪律及入城工作的决定》，载石家庄市档案馆编：《石家庄解放》上，中国档案出版社，2010年，第277页。

们城市的政权是更为严峻的考验：从农村进城，依靠什么人来管理城市？很多同志习惯地理解：农村是依靠贫下中农，城市就是依靠城市贫民了，普遍把农村的阶级路线搬进了城市，把依靠城市贫民当作了城市的阶级路线。这是大家自发形成的共识"①。由此，"贫民变为城市的主人"②，依靠贫民、发动贫民挖穷根，成为石家庄接管初期的重要工作。但是，城市贫民与农村贫农是不同的。在农村解决了土地问题，贫农的穷根儿就被挖掉了，可城市不是这样。黄敬在传达刘少奇指示中指出："城市贫民的要求是不能满足的。在乡村中，压迫农民的是封建地主，找出这个穷根来一挖就掉了。在城市里要挖穷根，去找谁呢？向哪里挖呢？挖到后来，必然会挖到工商业资本家的头上，但就是挖光了工商业，也不能解决贫民的问题，因为毁灭了城市，贫民就更没有办法了。"③可见，接管张家口时采取的保护民族工商业的经济政策，

---

① 中国人民政治协商会议石家庄市委员会文史资料委员会编：《石家庄文史资料——人民城市的曙光：石家庄解放初政权建设纪实》，1994年，第278—279页。

②《贫民变为城市的主人 石家庄建设民主秩序 某街组织贫民会领导翻身》，《晋察冀日报》1947年11月24日，第1版。

③《黄敬传达刘少奇对石家庄工作的指示》(1947年12月26日)，载石家庄市档案馆编：《石家庄解放》上，中国档案出版社，2010年，第239页。

有生产能力的贫民要求工作（甚至是政府贷款让其做生意），无生产能力的贫民则进行救济等经验，并没有得到很好的取法。

三是无政府主义倾向较为严重。石家庄曾是日本侵略者及国民党在华北的重要特务据点之一，有国民党党员上万人，铁路工人里的国民党党员占了一半。石家庄解放前，国民党很早就布置了我军占领城市后的潜伏任务。接管干部由于性急，立即组织了工会和贫民会，未能进行甄别审查，致使很多国民党党员、逃亡地主成为组织中的会员，同时又照搬农村的清算斗争，清算了商店店主、工厂监工工头及保长等。由于内部反动人员作崇，使用肉刑，打死数人，没收了数家商店，扣留了不少准备清算的对象，在全市引起恐慌。这些工作本应是民主政府的职责，却看不到政府的影子，执行过程又无法无纪，陷入无政府主义当中。对此，中央工委及时进行了纠正，刘少奇认为："在乡村中搞清算是一种手段……结果是农村经济繁荣，农民大翻身，但如果也在城市里搞清算，一定会把工商业都算垮……在城市中对保甲长，对封建恶霸，对汉奸特务等的斗争，也不该采取斗争大会的形式，用直接斗争的方式来处理，对这些人的斗争要通过政权形式。"① 可见，张家口等城市接管过程中，在军事管制保障下进行民主政权建设的经验，也没有得到很好借鉴。

通过上述分析可见，这三项教训是十分惨痛的。因而毛泽东在《丑皓电》中指出："多年以来我们占领了很多城市，有了丰富的经验。但是没有总结，让这些经验埋没，让各种错误的方针及方法反复重犯，让良好的经验限于一地无法为全党取法。这是经验主义、地方主义还在我们党内占有重要地位并在这个问题上表现出来的结果。"② 他要求各中央局、分局、前委对占领人口 5 万以上的城市均需作出简明扼要的接管总结。自此，总结党的城市接管工作经验正式提上日程，党的注意力也不完全偏重于战争和农村工作，而是引导到较多关注城市工作，这也是"石家庄经验"的重要意义。

①《黄敬传达刘少奇对石家庄工作的指示》（1947 年 12 月 26 日），载石家庄市档案馆编:《石家庄解放》上，中国档案出版社，2010 年，第 238—239 页。

②《毛泽东文集》第 5 卷，人民出版社，1996 年，第 71 页。

三、接管大城市的存疑与思考

1945 年至 1947 年，晋察冀边区已经有了较为成熟的城市接管经验，尤其是中央工委《丑皓电》的发布，成为指导全国城市接管的重要文献。但存疑的问题是：这一时期晋察冀有没有接管过大城市？是否取得了接管大城市的经验？这些问题对于 1947 年的石家庄来讲就显得比较尴尬。有接管干部回忆："石家庄说是大城市，其实连郊区才 19 万人。"[①] 许多权威文献的表述也以"较大"称之。同样尴尬的还有张家口，目前作为一个普通省辖市，甚至连"较大"都称不上。对该问题的判断，很多人会阻隔于历史的幕布当中，以当今的视角去解读和分析。这里不妨对当时的城市规模、地位等作一个考究。

毛泽东《丑有电》中提及我党占领且长期管理的 18 座城市，除 1947 年解放的石家庄外，其余均在 1945 年至 1946 年接管且有三大特征（见表 5-2）：一是很多地区为县城抑或人口的聚集区，如淄川、博山、德州等地，

---

① 中国人民政治协商会议石家庄市委员会文史资料委员会编：《石家庄文史资料——人民城市的曙光：石家庄解放初政权建设纪实》，1994 年，第 277 页。

主要集中在现今山东地区，部分县在中国共产党接管以后升格为地级市，如烟台、威海卫、长治等地；二是1945年春至10月间，最初解放的一批城市中有三座集中在现今的河北地区，即张家口、承德、邯郸，其中张家口、承德均为省会城市，邯郸虽为县城，但很快成为晋冀鲁豫边区首府，东北也有少量城市于此间解放；三是1945年10—11月至1946年上半年，由于苏联红军撤军，共产党在东北相继解放一批城市，少数很快撤出[1]，能够长期管理的有哈尔滨、齐齐哈尔、佳木斯等地，均为省会城市。据此可以得出结论，1945年至1946年共产党已经开始省会级城市的接管工作，晋察冀边区的张家口、承德包含其中，且相对于石家庄的解放（1947年并非省会），要提前两年之久。

但省会城市和大城市是两个概念，何为大城市？这一命题很难下定论，划分依据不同会有不同的结论。石家庄解放初期，将其称作"大城市"见于诸多报道，如朱总司令评价："夺取大城市之创例。"将张家口称作"大城市"也见于许多当事人的回忆。如艾青："天黑时，

---

[1] 毛泽东《丑有电》中提及了临时占领不久又退出的城市：长春、沈阳等地。

我们到了张家口……大家都在车站上等着招待所来接我们的人，利用这时间，我们欣赏着这个十分现代化的城市。大家都已好几年没有看见大城市了。"① 顾棟："抗战八年了，这是我们八路军获得的第一个大城市。"② 于光远："当时的张家口已经是被我们解放的'大城市'。"③ 可见，1945 年至 1947 年的石家庄、张家口已经是共产党人眼中的"大城市"了。但当时共产党占领的城市很少，从农村到石家庄、张家口工作的干部战士将其称作"大城市"也只是针对解放区的城市而言，就全国而言就不一定了。

一般而言，大城市指经济较为发达，人口较为集中的政治、文化中心区域。2014 年 10 月 29 日《国务院关于调整城市规模划分标准的通知》（2014）51 号印发，对原有城市规模划分标准进行了调整，明确新的城市规模划分标准以城区常住人口为统计口径，将城市划分为

---

① 艾青著：《艾青说诗意人生》，中国青年出版社，2007 年，第 65 页。
② 顾棟：《张家口接管日记》，载《我的 1945：抗战胜利回忆录》，同济大学出版社，2017 年，第 234 页。
③ 于光远著：《论地区发展战略》，经济科学出版社，1988 年，第 196—197 页。

五类，即小城市、中等城市、大城市、特大城市和超大城市①。据此，人口数量成为城市规模大小的重要标准。那么，将1945年至1947年解放区与国统区的城市人口数据作对比分析，方可提供一些可靠论据，见表5-3②。

表5-3　1945—1947年解放区与国统区代表
城市人口数量对比情况表

序号	城市名称	人口数量	统计年份	数据来源	
1	张家口	15—20万	1945	费正清:《剑桥中华民国史》第二部，上海人民出版社，1992年，第790页。（1945年撤出4万多日本侨民，又迁入2万多晋察冀党政军群。）	1945—1947年曾被共产党长期占领并管理

---

①以城区常住人口为统计口径，将城市划分为五类七档。城区常住人口50万以下的城市为小城市，其中20万以上50万以下的城市为Ⅰ型小城市，20万以下的城市为Ⅱ型小城市；城区常住人口50万以上100万以下的城市为中等城市；城区常住人口100万以上500万以下的城市为大城市，其中300万以上500万以下的城市为Ⅰ型大城市，100万以上300万以下的城市为Ⅱ型大城市；城区常住人口500万以上1000万以下的城市为特大城市；城区常住人口1000万以上的城市为超大城市。

②目前很难找到20世纪40年代的人口统计，这里的统计数据主要来自于（美）胡素珊:《中国的内战：1945—1949年的政治斗争》，当代中国出版社，2014年，第292页，以及当事人的一些回忆资料。国家统计局人口统计司、公安部三局编:《中华人民共和国人口统计资料汇编（1949—1985）》，第208—230页，存有中华人民共和国成立后的较为准确的数据，时间为20世纪50年代初，但还是能够通过不同时段的数据对比来审视共产党在1945—1947年占领城市的规模。

晋察冀边区城市接管与建设工作研究

序号	城市名称	人口数量	统计年份	数据来源	
2	安东（现丹东）	31 万	1942	《东方年鉴》1942 年，转引自胡素珊：《中国的内战：1945—1949 年的政治斗争》，当代中国出版社，2014 年，第 292 页。（哈尔滨人口一说 53 万，《城市的接管与社会改造》哈尔滨卷，第 20 页。）	1945—1947年曾被共产党长期占领并管理
3	哈尔滨	66 万	1942		
4	牡丹江	17 万	1942		
5	齐齐哈尔	13 万	1942		
6	威海卫（现威海）	22 万	1950	《中国手册》1950 年，转引自胡素珊：《中国的内战：1945—1949 年的政治斗争》，当代中国出版社，2014 年，第 292 页；据《中共石家庄市委关于两个月来的工作情况报告》（1948 年 1 月）统计为 18 万多	
7	石家庄	21 万	1950		
8	邯郸	3 万	1945	苏世荣、李润田主编：《中国城市通览》，江苏科学技术出版社，1992 年，第 62 页	
9	北京	204 万	1950	国家统计局人口统计司、公安部三局编：《中华人民共和国人口统计资料汇编 1949—1985》，第 208—230 页	1945—1947年属国统区
10	天津	179 万	1950		
11	唐山	34 万	1951		
12	秦皇岛	9 万	1951		
13	太原	28 万	1951		
14	大同	14 万	1951		
15	呼和浩特	14 万	1951		
16	包头	10 万	1951		

序号	城市名称	人口数量	统计年份	数据来源	
17	沈阳	169万	1950		1945—1947年属国统区
18	大连	120万	1952	国家统计局人口统计司、公安部三局编:《中华人民共和国人口统计资料汇编1949—1985》,第208—230页	
19	丹东（安东）	25万	1952		
20	长春	77万	1952		
21	吉林	30万	1952		
22	上海	492万	1950		
23	南京	96万	1950		

通过上表可见:第一,1945年至1947年共产党所占领的城市总体规模较小,如以晋冀鲁豫边区首府邯郸为参照,一般县城的人口数量不会超过10万。第二,1945年至1947年共产党尚未控制北京、上海等绝对意义上的大城市,接管此类城市的经验无从谈起。第三,在解放区和国统区均有人口为十几万至几十万不等的城市,如张家口、石家庄、哈尔滨、南京、长春、唐山等地。

由此推断,当时晋察冀边区下辖的石家庄、张家口等城市,其规模与太原、唐山、吉林等地大致相当,远大于秦皇岛、邯郸等地,以人口数量来划分,称之为"较大城市"相对客观。如聂荣臻在1945年10月2日晋察冀干部大会上讲道："以张家口来说，从工业上来看，已经不是个小城市了……象（像）张家口这样的城市只有一个，我们还没有更大的城市。"① 但是，张家口作为民国察哈尔省会、晋察冀边区首府，有着重要的政治、军事地位；石家庄作为全面内战爆发后我军解放的第一座较大城市，对解放战争有着深远影响。两座城市均是中国共产党城市接管工作的试验田。共产党首先在石家庄、张家口等较大城市的接管中获得了初步经验，并将这些经验或直接或间接地运用到了解放战争后期的城市接管当中，以及新中国成立前后的城市建设当中，在新民主主义革命史上有着特殊的意义。

1948 年 5 月中共中央迁入晋察冀后，随着解放战争的节节胜利，中共中央不失时机地决定：将晋察冀和晋冀鲁豫两个解放区合并为华北解放区，并决定由董必武以华北联合行政委员会主席的身份负责筹备召开华北临时人民代表大会，建立华北人民政府。华北人民政府成立后，晋察冀边区的建制撤销。原晋察冀边区的党政军

---

① 《目前的时局与任务——聂荣臻在中共中央晋察冀局召开的干部大会上的讲话》（1946 年 10 月 2 日），载中共河北省委党史研究室编：《晋察冀解放区首府张家口》，中共党史出版社，1996 年，第 47—48 页。

群在后续的平津战役中负责西线作战，取得新保安战役、张家口围歼战的胜利[1]，又根据石家庄经验接管了承德、保定、唐山等地，特别是和平接管北平，发挥了重要作用。

总而言之，晋察冀边区在城市接管与建设工作中所取得的成就、积累的经验，是党的工作重心从农村转移到城市的重要环节，是在总的量变过程中的部分质变。1949年3月23日，毛泽东风趣而深情地将中共中央从西柏坡向北平进发称为"进京赶考"。党中央从最后一个农村指挥所迁至大城市，可以说是"农村包围城市"革命道路上的一次"大考"。而之前晋察冀边区的城市接管工作，以及党在全国其他城市的接管工作，可以称之为"小考"或"预考"。注意和把握总的量变中的部分质变，对于促进事物朝着人们实践需要的方向发展，有着十分重要的意义。把握事物发展过程中的部分质变，是中国共产党正确领导全国人民进行伟大解放事业的重要前提。

---

① 《关于紧紧包围张家口不让一个敌人逃跑的政治工作指示要点》，中国人民解放军档案馆藏，档号：333-Y-WS.W-1948-009-015。

参考文献

一、马克思主义经典著作

1.《毛泽东选集》第3—4卷，人民出版社，1991年。

2.《毛泽东文集》第3—5卷，人民出版社，1996年。

3.《毛泽东军事文集》第2卷，军事科学出版社，中央文献出版社，1993年。

4.《刘少奇选集》上卷，人民出版社，1981年。

5.《周恩来选集》上卷，人民出版社，1980年。

6.《周恩来军事文集》第3卷，人民出版社，1997年。

二、档案

1.《晋察冀来：我军与红军会师》，中央档案馆馆藏，中D未52号A急。

2.《发晋察冀：问与张北红军会师部队》，中央档案馆馆藏，中 D 未 53 号 A 急。

3.《发晋察冀：带电台密赶张北与红军联络》，中央档案馆抄件，段苏权工作处存档。

4.《晋察冀来：与红军会师系平北部队》，中央档案馆馆藏，中 D 未 59 号 B 急。

5.《晋察冀来：对苏军观感》，中央档案馆馆藏，中 C 未 38 号 B 急。

6.《中共晋察冀中央局：关于坚决保卫张家口与热察两省的决定（1945 年 12 月 25 日）》，中国人民解放军档案馆藏，档号：311-Y-WS.W-1945-026-004。

7. 冀晋军区发布《保卫张家口战役：击破平汉铁路作战命令》[作战命令：1946 年 9 月 27 日于前方指挥部（平卫字第 1 号）]，中国人民解放军档案馆藏，档号：316-Y-WS.W-1946-001-001。

8.《连队讲话材料：关于张家口的撤退及其它》，中国人民解放军档案馆藏，档号：338-WS.W-1946-003-004。

9.《聂荣臻：配合苏联红军进占张家口并向大同前进》（1945 年 8 月 18 日），中国人民解放军档案馆藏，档号：311-Y-WS.W-1945-002-011。

参考文献

10.《关于紧紧包围张家口不让一个敌人逃跑的政治工作指示要点》，中国人民解放军档案馆藏，档号：333-Y-WS.W-1948-009-015。

11.《中共察哈尔省委第一号档案》，河北省档案馆藏，全宗号225。

12.《中共冀热察区党委》，河北省档案馆藏，全宗号208。

13.张家口市政府:《桥梁、工业建设》《下水道》《自来水》（1945年10月），张家口市档案馆，卷宗号18-1-2。

14.张家口市政府:《关于当前救济工作的几个问题的解决》（1946年4月28日），张家口市档案馆，卷宗号18-1-16。

15.晋察冀边区行政委员会:《关于伪蒙疆钞票的处理问题的指示》（1945年12月19日），张家口市档案馆，卷宗号革1-1-52。

三、革命报刊

1.《和平实现》，《解放日报》1946年1月12日，第1版。

2.《张家口通讯：今日的张家口》,《解放日报》1945 年 11 月 30 日，第 3 版。

3.《电灯工人会见毛主席》,《解放日报》1946 年 11 月 13 日，第 2 版。

4.《张市已成文化城》,《解放日报》1946 年 8 月 5 日，第 2 版。

5.《社论：争取全面抵抗的胜利》,《解放日报》1946 年 10 月 15 日，第 1 版。

6. 朱德:《延安总部命令各路解放军向辽吉热察绥等地挺进》,《解放日报》1945 年 8 月 12 日，第 1 版。

7.《解放区和平建设的缩影 张家口交通畅达》,《解放日报》1946 年 1 月 10 日，第 2 版。

8.《一年的教训》,《解放日报》1946 年 8 月 29 日，第 1 版。

9.《张家口成立市政府 救济失业灾民建立革命新秩序》,《解放日报》1945 年 9 月 4 日，第 4 版。

10.《美国两记者访问张家口 盛赞张市建设进步》,《解放日报》1945 年 11 月 1 日，第 1 版。

11.《察北各县树立民主政权》,《解放日报》1945 年 11 月 13 日，第 1 版。

12.《我军解放蔚县 察哈尔省全告光复》,《解放日报》1945 年 11 月 11 日, 第 1 版。

13.《人民代表选出委员和主席 察哈尔省政府成立》,《解放日报》1945 年 11 月 22 日, 第 1 版。

14.《崭新的城市——张家口》,《解放日报》1946 年 5 月 7 日, 第 2 版。

15.《张家口军管各工厂正式复工积极增产 中小学已开学筹备成立学联》,《解放日报》1945 年 9 月 16 日, 第 1 版。

16.《社论：晋察冀扩大解放区的胜利》,《晋察冀日报》1945 年 6 月 28 日, 第 1 版。

17.《红军进入边区北线 解放张北多伦等城 我军猛扑张家口配合红军作战》,《晋察冀日报》1945 年 8 月 17 日, 第 2 版。

18.《张家口的市政建设——杨春甫在张家口市首届参议会上的市政工作报告（摘要）》,《晋察冀日报》1946 年 5 月 15 日, 第 1 版。

19.《目前张市中心工作 废除甲牌改建街村政权 组织商联会繁荣市面》,《晋察冀日报》1945 年 11 月 12 日, 第 2 版。

20. 《张垣市政建设猛进，路灯修复电话全通》，《晋察冀日报》，1946 年 1 月 22 日，第 2 版。

21. 《军事三人小组及调执部三委员昨莅张垣视察》，《晋察冀日报》1946 年 3 月 2 日，第 1 版。

22. 《晋察冀军区告复员同志书》，《晋察冀日报》1946 年 3 月 8 日，第 1 版。

23. 《晋察冀边区行政委员会关于复员工作的指示》，《晋察冀日报》1946 年 3 月 15 日，第 1 版。

24. 《保卫张家口战役公报》，《晋察冀日报》1946 年 10 月 19 日，第 1 版。

25. 《聂荣臻在张家口市庆祝抗战胜利大会上的讲话》，《晋察冀日报》1945 年 9 月 18 日，第 1 版。

26. 《察北我军与苏蒙军并肩进攻张家口》，《晋察冀日报》1945 年 8 月 22 日，第 2 版。

27. 《我中国解放区军民全力协同红军作战》，《晋察冀日报》1945 年 8 月 12 日，第 1 版。

28. 《中共中央、朱总司令嘉勉晋察冀全军》，《晋察冀日报》1947 年 11 月 18 日，第 1 版。

29. 《晋察冀中央局 军区司政两部 驰电嘉奖前线战士》，《晋察冀日报》1947 年 11 月 15 日，第 1 版。

30.《解放石家庄歼敌两万 活捉匪师长 第三军从此全部消灭》,《晋察冀日报》1947年11月14日,第1版。

31.《我军解放石家庄战斗经过 敌人之永久强固防线尽遭摧毁 华北三大解放区从此连成一片》,《晋察冀日报》1947年11月14日,第1版。

32.《社论:庆祝石家庄的解放》,《晋察冀日报》1947年11月15日,第1版。

33.《石庄之捷开解放大城市先例 创阵地攻坚战辉煌战果》,《晋察冀日报》1947年11月18日,第1版。

34.《人民的石家庄建立民主秩序,市长柯庆施已到职视事》,《晋察冀日报》1947年11月17日,第1版。

35.《贫民变为城市的主人 石家庄建设民主秩序 某街组织贫民会领导翻身》,《晋察冀日报》1947年11月24日,第1版。

36.《庆祝军区部队与苏蒙军会师群众大会的中心口号》,《晋察冀日报》,1945年8月19日,第2版。

37.《加强张市军政领导》,《晋察冀日报》1945年9月26日,第1版。

38.《晋察冀边区总工会、平绥铁路总工会、张家口市总工会纪念"二七"23周年宣言》,《晋察冀日报》,

1946 年 2 月 7 日，第 1 版。

39.《社论：张家口解放一周年》，《晋察冀日报》1946 年 8 月 23 日，第 1 版。

40.《美记者访问张市 对我严惩战犯印象颇深》，《晋察冀日报》1945 年 10 月 13 日，第 2 版

41.《张家口市政府为胜利完成市选告全市人民书》，《晋察冀日报》1946 年 3 月 26 日，第 2 版。

42. 程子华:《当前情况与我们的紧急任务》，《晋察冀日报》1945 年 8 月 16 日，第 1 版。

43.《关于召开察哈尔、热河两省人民代表会议及成立察、热两省民主政府的决定》，《晋察冀日报》1945 年 10 月 19 日，第 1 版。

44.《出席察省人民代表会议 张市人民代表推选办法》，《晋察冀日报》1945 年 10 月 27 日，第 2 版。

45.《社论：建设和平民主团结的察哈尔》，《晋察冀日报》1945 年 11 月 1 日，第 1 版。

46.《张家口市参议会选举、组织暂行条例》，《晋察冀日报》1946 年 3 月 20 日，第 2 版。

47.《张家口的市政建设（摘要）》，《晋察冀日报》1946 年 5 月 15 日，第 1 版。

参考文献

48.《关于张家口市施政方针的说明》,《晋察冀日报》1946 年 5 月 18 日,第 1 版。

49.《中共张家口市执行委员会关于本市目前施政方针》,《晋察冀日报》1946 年 4 月 5 日,第 1 版。

50.《刘秀峰在张家口市首届参议会上的闭幕词》,《晋察冀日报》1946 年 5 月 13 日,第 1 版。

51.《自由了的张家口市的青年学生》,《晋察冀日报》1945 年 9 月 29 日,第 2 版。

52.《张家口市政府关于禁烟的布告》,《晋察冀日报》1946 年 1 月 1 日,第 1 版。

53.《张市禁烟运动已获成绩》,《晋察冀日报》,1946 年 3 月 18 日,第 2 版。

54.《为初步整顿市容 市公安局发布通告》,《晋察冀日报》1946 年 1 月 16 日,第 2 版。

55.《晋察冀边区张家口市政府关于整顿市容开展卫生工作的通告》,《晋察冀日报》1946 年 1 月 15 日,第 2 版。

56.《联大修堤记》,《晋察冀日报》1946 年 5 月 6 日,第 3 版。

57.《张家口走向繁荣》,《新华日报》1946 年 8 月

22 日，第 4 版。

58.《和平民主繁荣的张垣》，《新华日报》1946 年 9 月 11 日，第 3 版。

59.《外国记者游历张家口 钦佩民主政权彻底肃奸》，《新华日报》1945 年 10 月 26 日，第 2 版。

60.《察哈尔民选政府成立 张苏当选省政府主席》，《新华日报》1945 年 11 月 24 日，第 2 版。

61.《美女记者柯来报道 张垣文教欣欣向荣》，《新华日报》1946 年 8 月 5 日，第 2 版。

62.《晋察冀十月十七日通讯：察热两省全境解放 人民一致要求建立民主的省政权》，《新华日报》1945 年 11 月 16 日，第 3 版。

63.《张市解放一年建设成绩辉煌》，《冀中导报》1946 年 9 月 6 日，第 4 版。

64.《晋察冀边区石门市敌伪物资管理委员会布告》（1947 年 11 月 20 日），《新石门日报》1947 年 11 月 25 日，第 1 版。

四、方志

1.《河北省志·共产党志》，中央文献出版社，

1999 年。

2.《涞源县志》，新华出版社，1998 年。

3.《佳木斯市志》，中华书局，1996 年。

4.《阜平县志》，方志出版社，1999 年。

5.《黑龙江政府志》，黑龙江人民出版社，2001 年。

6.《张家口人民代表大会志》，中国民主法制出版社，2004 年。

7.《集宁市志》上，内蒙古文化出版社，2006 年。

8.《宣化县志》，河北人民出版社，1993 年。

9.《河北省志：供销合作社志》，河北人民出版社，1994 年。

10.《安国县志》，方志出版社，1996 年。

五、文献集

1.《建党以来重要文献选编（1921—1949）》第 17、21—26 册，中央文献出版社，2011 年。

2. 晋察冀日报史研究会编：《〈晋察冀日报〉通讯全集》1938—1940 年卷，1942 年卷上、下，1944 年卷上，1945 年卷下，1946 年卷上，1946 年卷中，中共党史出版社，2012 年。

3. 中央档案馆编:《中共中央文件选集》第 12、15、17 册,中共中央党校出版社,1991、1992、1992 年。

4. 中共中央党史研究室:《中共党史资料》第 8、28、39、76 辑,中共党史资料出版社,1983、1988、1991、2000 年。

5. 中国人民解放军政治学院党史教研室:《中共党史参考资料》第 17 册,1985 年。

6.《晋察冀抗日根据地》史料丛书编审委员会,中央档案馆编:《晋察冀抗日根据地(第 1 册)文献选编》下,中共党史资料出版社,1989 年。

7.《晋察冀抗日根据地》史料丛书编审委员会编:《晋察冀抗日根据地第 2 册(回忆录选编)》,中共党史出版社,1991 年。

8.《晋察冀抗日根据地》史料丛书编审委员会编:《晋察冀抗日根据地第 3 册(大事记)》,中共党史出版社,1991 年。

9. 晋察冀边区阜平县红色档案丛书编委会编:《晋察冀边区法律法规文件汇编》上,中共党史出版社,2017 年。

10. 中央档案馆等编:《晋察冀解放区历史文献选编

（1945—1949）》，中国档案出版社，1998年。

11. 中共河北省委党史研究室编:《晋察冀解放区首府张家口》，中共党史出版社，1996年。

12. 中共北京市委党史研究室编:《抗日战争时期中共北平地下党斗争史料》，1995年。

13. 政协北京文史委编:《北平地下党斗争史料》，北京出版社，1988年。

14. 华北解放区财政经济史资料选编编辑组等编:《华北解放区财政经济史资料选编（第2辑）》，中国财政经济出版社，1996年。

15. 中共河北省委党史研究室编:《冀中历史文献选编》中，中共党史出版社，1994年。

16. 河北省社会科学院历史研究所编:《晋察冀抗日根据地史料选编》，河北人民出版社，1983年。

17. 中国人民解放军历史资料丛书编审委员会编:《新四军文献》5，解放军出版社，1995年。

18.《中国人民解放军历史资料丛书》编辑组编:《八路军文献》，解放军出版社，1994年。

19. 河北省社会科学院历史研究所:《晋察冀抗日根据地史料专辑》，河北学刊杂志社，出版年份不详。

20. 王谦主编:《晋察冀边区教育资料选编》初等教育分册下、干部教育分册下,河北教育出版社,1990年。

21. 河北省晋察冀边区教育史编委会:《晋察冀边区教育资料选编(续集)》,北京师范大学出版社,1991年。

22. 中国第二历史档案馆编:《中华民国史档案资料汇编 第五辑 第三编 军事(一)》,中国档案出版社,1999年。

23. 中国人民解放军历史资料丛书编审委员会:《解放战争战略防御回忆史料》,解放军出版社,1994年。

24. 北京广播学院新闻系编选:《中国人民广播回忆录》第3集,中国广播电视出版社,1990年。

25. 河北省新闻出版局出版史志编辑部编:《中国共产党晋察冀边区出版史资料选编》,河北人民出版社,1991年。

26. 国家统计局人口统计司、公安部三局编:《中华人民共和国人口统计资料汇编(1949—1985)》,中国财政经济出版社,1988年。

27. 中共河北省委组织部、中共河北省委党史资料征集编审委员会、河北省档案局:《中国共产党河北省组织史料(1922—1987)》,河北人民出版社,1990年。

28. 中共建昌县委党史工作办公室编:《凌河春秋:建昌党史名人革命回忆录专集》,1989 年。

29. 河北省政协文史资料委员会编:《河北文史资料全书·张家口卷》上,中国文史出版社,2012 年。

30. 张北县政协文史资料委员会编:《张北抗日文史资料——纪念抗日战争胜利七十周年》,张北县政协,2015 年。

31. 中共张家口地委党史办公室编:《张家口地区党史资料选编》第三集,1986 年。

32. 马文锦主编:《张家口市公安史资料》,张出准字(内)第 0000229 号,1990 年。

33. 张家口市政协文史委:《张家口文史资料》第 23 辑,冀出内刊字 JR—2006 号,1991 年。

34. 政协张家口市宣化区委员会文史资料委员会:《宣化文史资料》第 8—9 辑,1996 年。

35. 张北县政协文史资料委员会编:《张北文史资料》第九辑,张北县政协,2009 年。

36.《中国共产党河北省张家口地区组织史资料(1922—1987)》,河北人民出版社,1991 年。

37. 中共吉林省委党史研究室编:《城市的接管与社

会改造·吉林卷》，中共吉林省委党史研究室内部资料，2002年。

38. 政协北京文史委编：《北平地下党斗争史料》，北京出版社，1988年。

39. 中共承德市委党史研究室编：《承德解放战争史料选》，人民日报出版社，1998年。

40. 中共承德市委组织部等编：《中国共产党河北省承德市组织史资料（1938—1987）》，河北人民出版社，1993年。

41.《承德文史文库》卷2、卷4，中国文史出版社，1998年。

42. 中共河北省委党史研究室、河北省档案馆编：《冀热察解放区》，中共党史出版社，1995年。

43. 中国人民解放军档案馆编：《解放城市系列丛书：解放城市》上，中国档案出版社，2010年。

44. 石家庄市档案馆编：《石家庄解放》上、下，中国档案出版社，2010年。

45.《中国共产党河北省石家庄市组织史资料（1923—1987）》，河北人民出版社，1990年。

46.《石家庄党史资料》第15集，中共石家庄市委党史研究室、石家庄市公安局，1991 年。

47. 河北省档案馆，西柏坡纪念馆编：《西柏坡档案》第 4 卷，河北人民出版社，2017 年。

48. 石家庄政协文史委编：《石家庄文史资料——人民城市的曙光：石家庄解放初政权建设纪实》，1994 年。

49. 多伦县档案史志局编：《中国共产党多伦县历史》第 1 卷，内蒙古文化出版社，2011 年。

50. 中共代表团梅园新村纪念馆：《国共谈判文献资料选辑（1945.8—1947.3）》增订本，江苏人民出版社，1980 年。

51. 黑龙江省金融研究所编：《黑龙江根据地金融史料（1945—1949）》，黑龙江省金融研究所，1984 年。

52. 中国人民解放军历史资料丛书编审委员会编：《剿匪斗争·华北地区》，解放军出版社，2001 年。

53. 社科院近代史资料编译室主编：《陕甘宁边区参议会文献汇辑》，知识产权出版社，2013 年。

54. 中共牡丹江市委党史研究室编：《北疆旭日——牡丹江城市接管与社会改造》，黑龙江朝鲜民族出版社，2000 年。

55. 中共邯郸市委党史研究室编：《中共邯郸党史专

题资料选编》，河北人民出版社，1991 年。

56.《红色档案：延安时期文献档案汇编》（解放第 6 卷第 118 期），陕西人民出版社，2013 年。

57.《河北文史资料》编辑部编辑：《河北文史资料》第 38 辑，河北文史书店，1991 年。

58.《内蒙古年鉴 2015》，内蒙古人民出版社，2015 年。

59.《乌兰察布文史资料》第 2、第 9 辑，乌兰察布文史委，1984、1992 年。

60.《兴和县文史资料》第 2 辑，兴和文史委，1995 年。

61.《涞源文史资料》第 1 辑，政协涞源县委员会，1996 年。

62.《红山文史》第 5 辑，中国文史出版社，1993 年。

六、著作

1. 中共中央文献研究室档案处编：《毛泽东手书真迹》，中央文献出版社，2006 年。

2. 中共中央文献研究室编：《毛泽东传 2》，中央文献出版社，2013 年。

3. 中共中央文献研究室编：《毛泽东年谱》下卷、第

3 卷，中央文献出版社，2013 年。

4. 廖盖隆等主编：《毛泽东百科全书》，光明日报出版社，1993 年。

5. 中国中央文献研究室编：《周恩来年谱（1889—1949）》下，中央文献出版社，2007 年。

6.《聂荣臻传》，当代中国出版社，2006 年。

7.《王平回忆录》，解放军出版社，1992 年。

8.《聂荣臻军事文选》，解放军出版社，1992 年。

9.《聂荣臻回忆录》，解放军出版社，2007 年。

10.《曾克林将军自述》，辽宁人民出版社，1997 年。

11. 张明远：《我的回忆》，中共党史出版社，2004 年。

12. 李运昌等编：《雪野雄风》，白山出版社，1988 年。

13. 段苏权：《故文辑存》，中国文史出版社，1998 年。

14. 中共中央党史研究室著：《中国共产党的九十年（新民主主义革命时期）》，中共党史出版社、党建读物出版社，2016 年。

15.《中国共产党历史（1921—1949）》第一卷下册，中共党史出版社，2011 年。

16. 谢忠厚、肖银成主编：《晋察冀抗日根据地史》，改革出版社，1992 年。

17. 张家口察哈尔文化研究会编、郎琦主编:《战士·公仆·校长——纪念郎宝信同志诞辰 100 周年文集》,中国言实出版社,2017 年。

18. 郎琦著:《中国共产党城市接管与建设工作研究（1945—1946）》,红旗出版社,2016 年。

19. 贾巨才、郎琦著:《晋察冀边区首府张家口教育事业研究》,红旗出版社,2015 年。

20. 肖守库、郎琦著:《张家口教育史研究》,国家行政学院出版社,2014 年。

21. 张金辉著:《晋察冀解放区高等教育研究（1937—1949）》,中国言实出版社,2018 年。

22.《中国抗日战争史》编写组:《中国抗日战争史》,人民出版社,2011 年。

23. 胡德坤著:《中日战争史（1931—1945）》,武汉大学出版社,2005 年。

24. 孟宪章等主编:《苏联出兵中国东北》,中国大百科全书出版社,1995 年。

25. 邓一民主编:《热河革命史大事记（1919—1955）》,文化艺术出版社,1988 年。

26. 中共哈尔滨市委党史研究室编著:《中国共产党

哈尔滨历史》第1卷，黑龙江人民出版社，2001年。

27. 中共河北省委党史研究室编:《长城线上千里无人区》第2卷，中央编译出版社，2005年。

28. 王宗荣著:《全国解放战争史专题》，大象出版社，2006年。

29. 岳思平著:《八路军战史》，解放军出版社，2011年。

30. 中共重庆市委党史工作委员会等编:《重庆谈判纪实》，重庆出版社，1983年。

31. 中共武汉市委党史研究室、武汉市新四军历史研究会编:《新四军与武汉》，武汉出版社，2003年。

32. 周勇主编:《重庆抗战史:1931—1945》，重庆出版社，2013年。

33. 于秋兰著:《制度变革与国家转型:1946年政治协商会议研究》，上海人民出版社，2014年。

34. 汪朝光著:《中国近代通史——中国命运的决战（1945—1949)》，江苏人民出版社，2013年。

35. 刘涓迅著:《革命史家胡华》，当代中国出版社，2011年。

36. 朱铭、王宗廉主编:《山东重要历史事件（解放战争时期)》，山东人民出版社，2004年。

37. 刘政等主编：《人民代表大会制度词典》，中国检察出版社，1992年。

38. 本书编辑委员会编：《中国人民解放军通鉴（1927—1996)》，甘肃人民出版社，1997年。

39. 张宪文等主编：《中华民国史大辞典》，江苏古籍出版社，2001年。

40. 河北金融研究所编：《晋察冀边区银行》，中国金融出版社，1988年。

41. 中国人民银行河北省分行编：《回忆晋察冀边区银行》，河北人民出版社，1988年。

42. 李敦白口述：《我是一个中国的美国人——李敦白口述历史》，九州出版社，2014年。

43. 中国社会科学院新闻研究所编：《毛泽东新闻理论研究》，湖南人民出版社，1984年。

44. 本书编委会：《中国共产党晋察冀边区出版史》，河北人民出版社，1991年。

45. 王剑清、冯健男主编：《晋察冀文艺史》，中国文联出版公司，1989年。

46. 范桥、夏小飞编：《二十世纪中国名人书信集·文情卷》，中国文联出版公司，1998年。

47. 子冈著：《时代的回声》，黑龙江人民出版社，1984年。

48. 中共北京市委党史研究室：《张孟旭纪念文集》，中共党史出版社，2009年。

49. 中共张家口市委党史研究室编：《张家口革命史话》，高等教育出版社，1990年。

50. 李士良等著：《哈尔滨史略》上篇，黑龙江人民出版社，1994年。

51. 毛昭晰著：《我的1945——抗战胜利回忆录》，同济大学出版社，2017年。

52. 军事科学院军事历史研究部编著：《中国人民解放军全国解放战争史》第2卷，军事科学出版社，1996年。

53. 白寿彝总主编；王桧林、郭大钧、鲁振祥主编：《中国通史 第12卷 近代后编（1919—1949）》上册，上海人民出版社，2013年。

54. 汪朝光著：《1945—1949：国共政争与中国命运》，社会科学文献出版社，2010年。

55. 郑维山著：《从华北到西北：忆解放战争》，解放军出版社，1985 年。

56.李景田主编:《中国共产党历史大辞典（1921—2011）新民主主义革命时期》（中共中央党校出版社，2011 年。

57.《中国人民解放军历史辞典》编委会编:《中国人民解放军历史辞典》，军事科学出版社，1990 年。

58.历史文献社编选:《整军复员文献》，历史文献社，1946 年。

59.谢忠厚主编:《晋察冀边区革命史编年》，河北人民出版社，2007 年。

60.马祥林主编:《毛泽东点评国民党著名将领》，民主与建设出版社，2006 年。

61.河北政协文史委编:《河北文史集萃·教育卷》，河北人民出版社，1991 年。

62.刘民英主编:《稗田宪太郎:八路军中的一位著名日本教授》，人民军医出版社，1989 年。

63.傅发永主编:《晋察冀边区印刷局简史》，中国金融出版社，1995 年。

64.李建国著:《平津战役研究》，湖南人民出版社，2004 年。

65. 本书编写组编:《中国人民解放军华北野战部队战史》,解放军出版社,2010年。

66. 中共河北省委党史研究室著:《中国共产党河北简史》,中共党史出版社,2006年。

67. 中共张家口市委党史研究室:《中共张家口地方史》第1卷,中共党史出版社,2001年。

68. 中共北京市委党史研究室:《中国共产党北京历史》第1卷,北京出版社,2011年。

69. 中共北京市委党史研究室编:《北京革命史大事记(1919—1949)》,中共党史资料出版社,1989年。

70. 张北县档案史志局编著:《中共张北县地方史》第1卷,中共党史出版社,2011年。

71. 中共石家庄市委党史研究室著:《中国共产党石家庄历史》第1卷,中共党史出版社,2001年。

72. 中共承德市委党史研究室著:《中国共产党承德历史》第1卷,中央文献出版社,2006年。

73. 任生桥主编:《红色涞源》,九州出版社,2013年。

74. 中共任丘市委党史研究室:《中共任丘市党史大事记》,沧出准字第105号,1991年。

75. 艾青著:《艾青说诗意人生》,中国青年出版社,

2007 年。

76.《我的 1945：抗战胜利回忆录》，同济大学出版
社，2017 年。

77. 于光远著：《论地区发展战略》，经济科学出版
社，1988 年。

78. 张清亮主编:《察北烽火》，2005 年。

七、译著、外文著作

1.（美）斯特朗:《中国人征服中国》，北京出版社，
1984 年。

2.（美）费正清、费维恺编，刘敬坤等译:《剑桥中
华民国史（1912—1949）》下，中国社会科学出版社，
1994 年。

3.（美）胡素珊（Suzanne Pepper）著，启蒙编译所
译:《中国的内战：1945—1949 年的政治斗争》，当代中
国出版社，2014 年。

4.（美）马歇尔著，中国社会科学院近代史研究所
翻译室译:《国共内战与中美关系：马歇尔使华秘密报
告》，华文出版社，2012 年。

5.(美)《费正清中国回忆录》，中信出版社,2013 年。

6.（美）李敦白、阿曼达·贝内特著，丁薇译：《红幕后的洋人——李敦白回忆录》，上海人民出版社，2006年。

7.（美）哈里·杜鲁门著，李石译：《杜鲁门回忆录》第2卷，世界知识出版社，1965年。

8.（苏）阿奇卡索夫，普洛特尼科夫主编；安徽大学苏联问题研究所译：《第二次世界大战史（1939—1945年）》第11卷，上海译文出版社，1989年。

9.（苏）弗诺特钦科著；沈军清译：《远东的胜利》，辽宁人民出版社，1979年。

10.日本防卫厅战史室：《华北治安战》下，天津人民出版社，1982年。

11.（苏）格里亚兹诺夫著，朱方等译：《戎马生涯——苏联元帅扎哈罗夫生平》，军事译文出版社，1984年。

12.（苏）扎哈罗夫主编，隽青译：《结局——1945年打败日本帝国主义历史回忆录》，上海译文出版社，1978年。

13.（日）服部卓四郎著，张玉祥译：《大东亚战争全史》第4册，商务印书馆，1984年。

14.（日）冈村宁次著，稻叶正夫编：《冈村宁次回忆录》，中华书局，1981年。

15. Wilma fairbank：《America's cultural Experiment in China（1942-1949）》，Bureau of Educational and Cultural Affairs U.S. Department of stateWashington D.C.1976：106-109（即费慰梅著：《美国在中国的文化实验（1942—1949）》——作者译）。

八、期刊

1.郎琦、张金辉、肖守库：《晋察冀边区首府张家口高等教育探研》，《河北师范大学学报（教科版）》，2016年第5期。

2.郎琦：《1945年中苏军队张北会师及其战略意义》，《河北北方学院学报（社会科学版）》2016年第1期。

3.刘统：《"和平民主新阶段"研究》，《党的文献》2002年第4期。

4.李安增：《"和平民主新阶段"口号之我见》，《齐鲁学刊》1990年第4期。

5.杨淑娟、黄见秋：《关于"和平民主新阶段"的提法》，《北京大学学报（哲学社会科学版）》1980年第2期。

6.周锦涛:《毛泽东城乡统筹思想的历史考察》,《衡阳师范学院学报》2011年第4期。

7.张家口市总工会工运研究室:《察哈尔省工会组织史资料》,《河北工运史研究》1988年第1期。

8.《张家口地区党史资料》,1992年第3期。

跋

　　该作是在博士后出站报告的基础上修改完成的，借此感谢博士后合作导师张润枝教授的悉心教导，以及王树荫、赵朝峰、周良书等老师的点拨。同时，特别感谢首都师范大学马克思主义学院杨芷英、沈永福、王淑芹、韩华、李怀涛等诸位教授的鼎力支持，以及北京高校"高精尖"学科建设（首都师范大学马克思主义理论）的资助。正是首都师范大学这一平台，才使得本书能够最终付梓。

　　历史研究需从大处着眼，小处着手。对晋察冀边区城市接管与建设工作的研究，即符合这一史学的基本立场。晋察冀边区的城市接管不是孤立的、局部的，而是整个党的城市接管史的一个缩影，也能反映北方地区党的城市接管的发展轨迹。然而，历史研究的最大遗憾在于，无论是从现实形态还是观念形态上，都无法还原真正的历史，城市接管史亦是一样。况且，真正有关城市接管的档案资料，尤其是晋察冀边区的城市接管史料，近乎"残编断简"，因而拙作难免挂一漏万。

热情欢迎一切来自善意的批评和指正，以使此类研究更臻完善，从新的高度来超越本书的局限与不足，将晋察冀边区乃至全国城市接管史的研究迈向更高层次。所谓：嘤其鸣矣，求其友声，亦寻其异音耳。

郎　琦

2022 年 3 月 1 日